Notes on Haier's Transformation
推荐序

一个人的成长

2007~2009年，我主持《北大商业评论》的编辑工作，深觉这本杂志的深度不符合企业界对一本冠以北大名头的管理杂志的期待，决定大刀阔斧地对其进行改造，希望管理评论能够跟上乃至领先于日新月异的企业管理实践。

然则再好的理念也须找到干练的人才予以操作，这种干练，不仅仅意味着发现和开掘选题的能力，深入中国企业体察管理细节与组织动力的激情，还一定不可缺少欲以管理水平的提升促社会发展的使命感，它既来自长期沉浸式阅读管理典籍所带来的历史穿透力，也来自感知中国企业痛点之后力图推动现实变革的强烈意愿。找到这样的管理评论人才难之又难，幸运的是，我在编辑部内部发现了郝亚洲。

编辑部的老编辑告诉我，郝亚洲是主动上门毛遂自荐加入这家杂志的，他怀着某种莫名的冲动，有一天，穿过位于北京中关村的太平洋大厦中密密麻麻的电子元器件小摊，顶着各种不绝于耳的叫卖声，径直敲开了《北大商业评论》的门，说他想为一家管理杂志写作。我当时不知道这位人大新闻学院的毕业生凭什么认定自己要走和能走一条管理评论之路，但我喜欢这个故事，因为它表明，在满是算计或计算的管理评论界，还有人能保持原始的冲动，我在这冲动背后窥见了我想要的激情与使命感。

于是郝亚洲成了编辑部最倚重的封面故事作者，我总是把他派去攻坚各种难啃的骨头。他的冲动被证明是具有两面性的，一方面永远带来另类的视角、新鲜的想法乃至磅礴的文气，另一方面，又常常免不了某种急于挑错的尖酸，指点江山却力有不逮的空疏，乃至旁观而不是实践往往会引发的认知傲慢。

其后，我在撰写中国最具管理探索精神的企业——海尔及中国最堪称管理思想家的企业领导人——张瑞敏的变革故事的时候，征召郝亚洲作为我的助手。我们同时还在《IT经理世界》开设了"管理实验室"专栏，纵横万里，上下千年，追寻管理思想的完整脉络。我们共享了无数在企业内穿梭采访、在斗室里呕心写作的日与夜，常为文思的卡壳而苦恼，却也因文路的打通而感受行云流水般的快乐，我们探讨管理的方向，钻研管理的精髓，为中国企业的成长而兴奋，也为它们臀部剥之不去的旧时纹章而愤恨不已。在这个过程中，我看到郝亚洲的变化，用他自己的话说，他收获了"关于人生的豁然开朗"。他说，像当年一样，他依然在怀疑，但他学会了温柔以对和释然，知道了只有忘记自己才能做回自己。

其实，郝亚洲的历练就是一代中国管理评论人成长的一个缩影。我一向认为，评论者对做事的人，要怀有认知上的谦卑。也许所有杰出的批评家（不管在什么领域）都是如此：从最好的方面看，这类批评家的洞察力无可匹敌；从最坏的方面看，他们傲慢无礼，自以为是。当尼采想做一名作曲家而不得，面对瓦格纳，他只好靠搜刮其成果来填充自己的视野。不能成为艺术家的评论家绝不缺乏奇特的想象，但他们的看法可能具有高度的"偏见"，尽管那偏见不无"片面的深刻"。

在我最喜欢的电影之一《鸟人》中，有一段百老汇戏剧导演兼演员瑞根和毒蛇戏剧评论员塔比莎的对白：在塔比莎发誓要毁了他的戏之后，瑞根痛斥批评家是"懒惰的笨蛋"，因为她只会给万事万物贴标签，不贴标签就看不见任何东西。"你把所有那些小小的噪音误认为真正的知识。"更重要的是，"你写了那么几段，没有花费你任何东西！你没有风险！没有！没有！没有！而我是一个演员！这出戏花了我一切……"

所以，评论家需要忘掉自己，投入生活的演出，在投入中了解演员的一切。当然，拿钱给人贴标签的，是另一回事。我们大概不能把那些人叫作评论家吧。用《鸟人》里的台词来说，他们只是些 informer。

胡泳

北京大学新闻与传播学院教授

Notes on Haier's Transformation
序

读懂海尔已中年

> 阴晴朝暮几回新,
> 已向虚空付此身。
> 出本无心归亦好,
> 白云还似望云人。
>
> 苏轼,《望云楼》

需要为新书写个序,我真不知道该从何写起。每一篇文章都是一段独一无二的感受,串在一起就是我这几年的人生故事。其实就是这么简单,我这几年只干了一件事——研究海尔。这也是我最值得自豪的,我咬紧牙关,全力以赴地做了一件事,或许不算做得好,但我的确打造了一个全然不同的人生。

2012年,我跟随胡泳教授深入海尔。一开始,胡教授和海尔文化中心的朋友就为我打开了方便之门，直接让我近距离观察张瑞敏、杨绵绵，把我这个还有些茫然的年轻人一下子扔到了变革的风暴眼。暴风骤雨般的变革现场让我有些猝不及防，稀里糊涂中始终怀揣着几分忐忑，我甚至用了很久才搞明白海尔内部的话语体系。现在想起来，就像是从中学到大学的跳跃，你突然间发现高等数学和代数、几何是全然不同的思维模式，大学教授们又不可能像中学老师那样每天给你掰开了揉碎了讲，这种断裂感持续冲击着我大学四年的学习和生活。

我记得刚去海尔的时候，胡教授要求我只听不说，不懂再问。但我总是自恃老编辑人出身，担心问了会没面子，于是默默地攥紧了拳头，自己去翻阅资料学习。直到有一天，《海尔人》跟我约了一篇文章，我写好之后才觉得那种断裂感有所缓解。

断裂感的由来是间接经验的行云流水和直接经验的磕磕绊绊之间产生了冲突。我们以前写评论做案例，是在既定的框架思维之下就地取材。但在近距离直击一个企业时，进入眼帘的都是局部现象，每个局部背后都会有复杂的形成过程，把这些拼到一起之后会是什么，完全是未知的。而我当时能依赖的就是胡教授此前写过的《海尔中国造》《海尔的高度》两本书。可海尔变了，变得很多，变得也很快。

现在我也想对希望从事公司研究的朋友们说的是，不间断的浸入式体验非常重要。胡教授对海尔的心得就是建立在长达十几年的追踪研究之上，我相信他对张瑞敏的直观感受起到了决定性作用。

正是由于断裂感的存在，加之我生性愚钝，迫使我把管理学的边边角角都打扫了一遍。因为张瑞敏是一个思维极其活跃的人，他在认知上的自我进化能力超出常人太多，想跟上他的节奏没有别的办法，就是不断读书，反复把现实和理论做对照。直到有一天，发现现实超越了理论，我居然感到了莫名的兴奋。

在这种情况下，胡教授的指导是要敢于创新、勇于创造。

首先，要学会"断章取义"，如果发现管理学的解释乏力的话，要跨出去，从哲学、社会学和更宽泛的理论系统中寻求营养，然后自己搭建解释系统，这才有了《知识论导言》的诞生。

其次，要多从张瑞敏身上汲取营养。张瑞敏是一位具有实践智慧的企业家，他读书多却从不把自己局限在理论之中。或者说，他从来都是用现实滋养理论，最后超越理论。他深知传统理论的历史脉络，沿袭特色，更深知哪些在今天是需要被重写的，哪些是需要被重新认知的。三十多年的企业实践、浩瀚的阅读经验和长久不间断的思考，使得张瑞敏敢于提出自己的管理思想，不但提出还要将其系统化。他这么做，在追求创新的西方管理界很受欢迎，在这些学术领袖眼里，张瑞敏是时代的标志性人物，是给正在走入死胡同的大公司管理范式提供解决思路的人。

正如德鲁克在总结自己一生时说的第一句话就是"我是一个作家"，张瑞敏对自己的身份也有着极其本分的认知，他是一个企业家。无论是作家还是企业家，都不妨碍他们突破行业藩篱，对学界思想产生巨大影响。其中有一个很重要的原因——他们的思想根植于经验，而非基于纯粹的理论研究。通过在事实和实践经验的基础上探究本质，也就是我们常说的"实事求是"。

这么多年了，张瑞敏始终都是那个埋头做好本分的张瑞敏，他只会把思考的力量赋予企业实践，这似乎也成了他的原则。

以海尔的实践为坐标，我这几年是在传统、未来之间来回穿梭。我有至少两年的时间在看管理史、商业史，又有两年的时间在研读新经济，其间不断穿插古典哲学和存在主义，今年拿出了些时间读东方哲学的内容。很多时候不是我在主动学习，而是被动研究。因为海尔的每一次变化都会牵扯出新的实践语境，我就必须要坐着时空穿梭机回到过去，看看源头是什么样子，再穿梭回来看看未来可能会怎样，最后落脚到当下，做出一个相对完整的判断。

与其说我在研究海尔，不如说是海尔在推着我成长，永远用不完美的眼光打量自己，永远不满足于自己的过去和当下。没有成功的企业，只有与时代共舞的企业。同样，没有成功的学者，只有站在时代潮头的学者。

我忘记是谁跟我说过了，想成为当代管理名家要满足几个要求，对比之下，我好像还差一些。是实话，我挺尴尬的：如果我说我没有成名成家的心，一定会被人认为虚伪。我可以坦诚地说，前两年我是有的，尤其在《知识论导言》出版之后，我信心爆棚过。但很快我就发现，世界依然是那个世界，别人依然是那个别人，除了自己的心态之外，什么都没有变。

做本分、做自己、胸怀世界、脚踏实地，我最近对自己有了重新定位。说是定位，不如说是一些准则，这些准则就是从张瑞敏和海尔身上学习而来的。我们所有的经历都是在认识自己，可能会穷尽一生，但总比在失重的状态下漂浮要好。如果你问张瑞敏，做企业不断前进的动力是什么？他也一定会说，认识自己，认识企业。

我们有时不是把自己想得太小了，而是想得过大了。回到"人"字上，每天都是一个崭新的开始。

作为学者或研究者，从研究价值的角度出发，都希望选取一个可以价值最大化的目标企业。这样的企业一般来说会满足如下标准：体量庞大，业务和结构足够复杂，寿命长，行业领导者，有持续的变革能力。海尔无疑是国内为数不多的最具研究价值的公司之一。只能说我幸运，一下子被胡教授拉了进来，又一下子被吸引，再一下子在学习和研究中度过了几个人生的四季。

2012年，我31岁，带着对自己对世界的深深怀疑。2018年，我37岁，我依然在怀疑，但我学会了温柔以对和释然，知道了只有忘记自己才能做回自己，也知道了只要路选对了，就不怕遥远。

在我研究海尔之初，有一个资深媒体人对我表达过不解，当时正是"风口论"盛行之际，大家都愿意去追逐可以一夜成名的机会，没人会去在意一个30年的企业内部正在发生的巨变。出于礼貌和客气，我并没有直接回答。现在可以回应了：除了实践的激情、构建新理论的诱惑力、企业家本人的学识和人格魅力之外，我在这个过程中获得了很多次关于人生的豁然开朗。"那一刻，我豁然开朗"，这正是《人生下半场》的作者班德福在和德鲁克交往时屡屡受到神启时的感受。

六年过去了，我距离不惑的中年更近了几步。我不敢说也不能说，我读懂了海尔，我就是研究海尔的专家诸如此类的话。我始终还是一个对变革充满好奇心的小学生。我可以说的是，我很感谢这段岁月，我从未如此充沛过，也从未如此心安过。我对自己的认识和企业的变革实践在同步中，这是一个无法用"成功"作为句号的过程。

路漫漫其修远兮。

感谢张瑞敏先生，他让我看到了沉思的力量和实践的智慧于这个时代的难能可贵，这终究体现于人格魅力之中。感谢恩师胡泳教授，他帮我推开了一扇门，改变了我的人生轨迹，并始终在无私地给予我诸多方面的教诲。感谢海尔文化产业平台的诸位朋友，是他们的鼎力帮助和包容，让我有了一份创作上的从容。感谢海尔的每一位帮我完成研究的朋友们。

感谢海尔，感谢时代！

郝亚洲

2018 年 8 月于上海

Notes on Haier's Transformation

目录

引子 / 1

上篇　从流水线到资源平台

1. 海尔周六例会 / 7

2. 海尔生态圈战略 / 15

3. 海尔不想挤 / 30

4. 在 AOM 年会阐述"人单合一" / 36

5. 让二次元疯狂的海尔和作为陪伴者的海尔 / 42

6. 从流水线到资源平台 / 55

7. 这里没有帝国，只有平台 / 61

8. 迷失的独角兽和进击的大公司 / 67

9. 海尔辩证法 / 75

10. 作为金融衍生品的牛 / 86

11. 海尔你学不会 / 90

12. 海尔会在红利期停留多久 / 99

13. 海尔电商简史 / 110

14. 人单合一的高度 / 131

下篇　从泰勒到张瑞敏

15. 致管理者 / 147

16. 29 条军规 / 152

17. 要蒲公英，不要兰花 / 158

18. 从泰勒到张瑞敏 / 162

19. 打领带、穿布鞋的张瑞敏 / 173

20. 关于硅谷悖论 / 182

21. 谁终将声震人间 / 195

22. 消灭时间的人 / 199

23. 张瑞敏的大数据观 / 217

24. 不二 / 222

25. 观自在三章 / 226

26. 你若是芙蕖，就在红泪清露里盛开吧 / 238

27. 重新定义创新和企业家精神 / 242

引　子

飞机缓缓落在流亭机场的跑道上，夜幕已然降临。

空姐广播说，青岛的室外温度接近零下 10 摄氏度，请乘客做好防寒准备。就在大家纷纷起身从行李箱中拿出羽绒外套的时候，我还在四处张望，希望可以看到认识的人。

2011 年年底，30 岁的我决定离开北京，离开这座闭着眼开车都可以找到精确位置的城市。当时的我看似意气风发，职业生涯发展非常顺利，心中对未来的憧憬自然也只有成功和掌声，但我只想换一个方式来证明自己，换一座城市开启自己 30 岁之后的生活。

2012年年初，我只身开车，带着一床被子和几件衣服就来到了上海。我的目标只有一个，通过创业获取在新环境中立足的财富。

2012年年中，南京。闷热，潮湿，几杯酒下肚后忧愁迸发。

我和胡泳教授在南京一段保存尚好的古城墙上散步，谈心。我们有一年多没有见面了，我这半年在上海发展得并不顺利，实在没有脸去面对这位我曾经的领导和启蒙老师。最后，还是他主动联系我，说要到南京出差，我可以陪他去跟南京知识界的几位朋友吃吃饭，散散心。

我记得当时开车去酒店接我们的是袁剑。胡教授在车上主动向他介绍我："这是亚洲，我们一起做杂志的时候，就是他在编你的稿子。"袁剑一边开车，一边叹了口气："刊登不出来吧？""是啊，可惜了。"

我在做编辑时，选编了袁剑《奇迹的黄昏》中的一个章节，最后因为风险问题，被大老板叫停。但过了两年，这本书还是以另一种方式在中国大陆出版了。

饭后，我们在古城墙上散步时，胡泳教授问我对未来如何打算，我大脑一片空白。创业的经历让我并不愉快，且挫败感极强，甚至出现了一种让自己都感到不适的幻觉：对财富的渴望大于对事情的渴望。

引　子

"和我一起做两年研究吧,"胡教授沉默了一会儿对我说,"2014年是海尔成立 30 周年,按照海尔的战略周期来算,今年(2012 年)年底会开启一个全新的变革。这个时点的变革,从我们的立场来看,一定是极具研究价值的。"

"好啊。"我说出这两个字的时候,表情是僵硬的。在我的印象中,那几年的张瑞敏和海尔都处于沉寂期,鲜有相关深度报道。一场战况极为惨烈的"千团大战"之后,互联网还处于打扫战场残局的状况,而移动互联网的火速崛起,尤其是微信的横空出世,又把人们的热情吸引到了一个 3.5 英寸的屏幕上。

当胡教授说出海尔这个几乎很难形成话题,且看似跟互联网不沾边的公司的时候,我的下意识是先答应再说,起码能让自己忙起来。我当时实在不知道一台硕大、安静的冰箱和一个方寸之间尽显人间喧哗的手机之间会有怎样的逻辑关联。

三年前的下意识,成为我今天的幸运。海尔今日之变革,早已跨越了新旧产业的分野,更是以管理变革为切入口弥合了互联网公司和传统公司之间那道已经被人为制造了很多年的鸿沟。

全球变革看海尔。是张瑞敏以及海尔这三年来的孜孜不倦成就了我今天的幸运,我很可能是距离这场具有史诗意义的组织革命最近的那个"局外人"。

我在 30 岁的时候,被动归零;海尔在 30 岁的时候,主动归零。我作为一个渺小的个体重新构建自己的生活和工作,尚感到疼痛和苦闷。而海尔作为全球白电领导者,曾经拥有 6 万名员工,若是将自己推倒重来的话,会是怎样的感觉?

在"时代"这条路上,成功或者失败,都是尘埃。

上 篇

从流水线到资源平台

回到事物本身

1. 海尔周六例会

　　世界梦想着事情的发生，一旦时机成熟它便会挺而去实现它们。一切出自预定目的而进行的实际冒险一定都包括一种思想的冒险，这种思想的冒险把好事情看成是尚未实现的。……这种冒险是一类文明中的变化的涟漪，依赖它，一种固定类型的时期可保持它的新鲜度。但是，只要有冒险的精力，想象迟早都会越过该时期的底线，越过学术的鉴赏成规所允许的底线。于是，就会出现错位和混乱，它们标志着做文明化努力的新理想的来临。

阿尔弗莱德·诺斯·怀特海，《观念的冒险》

飞机停稳后，我打开手机，收到了一条短信息，是海尔车队的马师傅发来的，说已经在机场等我。这两年来，我往返上海和青岛达百次之多，换句话说，几乎每一周我都会来一次海尔。海尔方面也为我们的调研提供了最大的便利，比如每一次都会派一位车队的师傅负责我的接机、送机。

我几乎记得车队每一位师傅的面孔，他们也都认识了我。如果有一个师傅有一阵子没看到我，再见时都会问："你最近咋没来呢？"

海尔车队里没有哪一辆车是专属于某个领导而不让别人坐的，基本上谁有事的话赶上哪辆是哪辆。有几次我坐的是海尔集团轮值总裁周云杰的车，还有两次是张瑞敏的车，都是老款式。

我这次来海尔是参加每年1月举行的集团创新年会的。这是传统意义上的总结和表彰大会，轮值总裁会对过去一年的业绩做回顾，该批评的批评，该褒奖的褒奖。海尔年会上的"批评"对于外人，尤其是对于被邀请来参加会议的外部学者来说是一个很有意思的现象。和我一同参会的一位学者说，这出乎了她的意料，毕竟是个年会，还有外人在场，由此可见海尔本身具有一种学习文化。因为在"学习"的过程中，自我批评是一个极为重要的环节。

更有意思的是，今年被批评的高管（在海尔内部被称为"中平台主"）很可能是去年大会上被褒奖的人。在海尔内部，不存在"功劳簿"这个说法。

1. 海尔周六例会

其实，批评与自我批评是海尔内部高管会议的常态议题。

海尔内部有一个周六开例会的制度，在青岛的中平台主以上的管理人员必须参加。与其说是"会"，不如说是张瑞敏的"关差辅导"。"关差"是海尔语言，通俗讲就是找到预期和现实之间产生差距的原因。

这是我零距离观察海尔和张瑞敏的最好窗口。在这个会上，我有时会为平台主们捏一把汗，因为张瑞敏批评人的时候不留情面；有时会为张瑞敏捏一把汗，因为我能感受到他是真的着急。

张瑞敏曾经在内部有一个讲话，主题是"我们已经没有退路"。从再造的那一天开始，海尔便已踏上不归路，成功之外的任何选择，都会是万丈深渊。

一般而言，例会的流程是这样的：先由样板小微主做介绍，再由平台主自由发言。每一个平台主的发言，张瑞敏都会做出点评，对比着海尔独创的二维点阵图，一个数据一个数据地分析。张瑞敏极其重视"因"，他认为在摸索的阶段，如果有什么好的"果"的话，未必是有好的"因"在前。如果依然是靠市场惯性收获一个不错的数据，则一定会被张瑞敏敲一敲，"错误的指令"下产生的"正确答案"是要不得的。

有一个平台主没有遵循海尔的用户交互策略，依赖原有销售途径把产品卖得也不错。当时，他以为自己是个正面典型，汇报的时候语气轻松得意。没想到,张瑞敏拍了桌子,用莱州话说了一句:"能干就干,不能干现在就走!"当时,我就坐在张瑞敏的侧面,分明看到他面前的茶杯盖被震得跳了起来。

以前海尔和电商的合作模式与传统卖场类似,电商依靠返点获利。张瑞敏拿着激光笔,指着平台主做汇报用的PPT上的"用户"两个字,说:"厂商不应该作为卖场的上游,也不应该把用户看作下游,而应该作为一个生态体系追求共赢。如果用户只为价格埋单,不为体验埋单的话,说明海尔做得远不够好。"

我们常常处于企业之外来看变革,无论是学者还是评论家,都会选择结果导向的研究路线,从事后反推事前,然后找到其中合理或者不合理之处。比如,我们在研究杰克·韦尔奇对GE(通用电气,以下简称GE)的变革时,只分析逻辑不分析过程,只看成功的原因,不看原因背后的微观动力。

我当然不是在否定现有的公司研究模式,而是想提出另一个视角:是非成败转头空的宏大叙事背后,一定隐藏着某些需要去极力分辨的细节,这些细节可能会被唯物历史观淹没,但绝对无法从"存在"中抹去。

我有一个黑皮记事本,从第一页到最后一页,上面都是我在旁听海尔周六例会时记下的现场状况和自己的即时心得。最近在翻看时,依然能从潦草的笔迹中看出些有意思的内容,比如张瑞敏和当

1. 海尔周六例会

时还没有退休的杨绵绵每次会上都在辅导同一个问题：你如何通过和用户交互来获取自己的目标，同样通过和用户交互达成目标。

这就是我说的微观动力：宁可十年不将军，不可一日不拱卒。企业家意志作为精神动力的要素，发挥看似缓慢、沉重，实则绵长，具有雄厚的内功作用。外界存在一种对张瑞敏的非议：理念谈得多且激进，但是行动力不足。

在变革关键期，企业家不太可能出来面对公众，一来他们需要全身心投入企业业务的内部指导中，二来这其中的各种感受不足为外人道。事实上，张瑞敏的行动力在周六例会上一览无余，那就是周复一周地对几十位传统制造业出身的管理人员进行观念疏导，"用户""用户""用户"，说得多了，重复得多了，大家对"用户"的理解自然会从感性认知到深刻领会。

我们可以认为这是最土最笨的方法，但也一定是效力最强大的方法。理念的转换就好像20世纪中国制造业的技术演进，第一步是先拿过来消化，第二步是吸收，第三步是融合，第四步是创造。在后发优势国家里，创新没有捷径，只有靠人的意志尽可能压缩这四个阶段的时长。

今天，之所以会有人提出"张瑞敏管理思想"，也在于此。仔细看他对管理的理解和对海尔的历次变革，这条清晰的脉络里，同样有着从局部学习到整体反思，最后融合创新出中国企业家独有的管理思想体系。

思想是否有进化，是我们用来衡量企业家是否有管理思想的重要指标。30年前的一颗种子，慢慢发芽，成长，然后有了枝杈，有了枝繁叶茂，有了围绕其生发的草长莺飞。管理思想一定是从体系到生态的构建过程，这就如同企业的战略演进，是一个生物化模式。

作为旁观者，则需要用极大的耐心来看待张瑞敏给海尔带来的行动力。对于传统制造业来说，即使其生产的是大众消费产品，流水线上的决策者和执行者又有几个是见过消费者的真实面貌的？他们的订单受制于渠道，他们的理想不过是尽可能做到低成本、高利润，抢占更多的市场。可是，"市场"到底是什么呢？不过是报表上的数字而已。然而，如果无法将数字还原成人，对于信息时代的传统产业而言，很可能就会遭受巨大打击。

"我的危机感很强，如果明天海尔倒掉怎么办？"这是我听到张瑞敏在会上说得最多的一句话。这种危机感早在十几年前就已产生，行业利润如刀片般微薄，信息化管理已经高度发达的美国公司更让本已因为提前感知互联网的巨大变革力而产生豪情的张瑞敏倒吸一口冷气。他看到的是沃尔玛对每个卖场、每个消费者、每个货物的精准把握，以及戴尔的20秒钟汇总订单，他随后得出结论："仅仅停留在市场竞争、产品竞争，已经远远不行了。"

就像尼采用奔放的酒神精神来反击理性主义一样，张瑞敏对工

1. 海尔周六例会

业思维的反击同样是"一杯未尽诗已成,涌诗向天天亦惊"。两者的共同点就是"至人"。对外,利用信息化手段恢复消费者"人"的身份;对内,利用信息化手段恢复劳动者那一张张活生生的面容。而组织的作用则在于,成为两者相遇的"应许之地"。

2012年年底开始的海尔第五个战略阶段,张瑞敏将其命名为"网络化战略"。顾名思义,海尔在这个阶段的使命是成为一张没有组织边界的网。2013年作为新战略开端之年,张瑞敏首先解决的是"观念"问题。如果组织不做"代理人",转而成为"应许之地"的话,海尔变革的中坚力量,即坐在周六例会会议室中的平台主们,就要先革自己的命。他们必须要从流水线背后走出来,跨越渠道商,直接感知市场的温度。

我有时坐在旁听席的位置想,这种转变有什么难的?这些道理,张瑞敏已经说得很透彻了,为什么还要一遍遍地强调?

一年之后,我才明白各种管理书籍中都在阐释的一个道理——战略的难点在于执行。在海尔待的时间长了,自然结识了不少朋友。有时一起聊天的时候,他们会告诉我,道理不是不懂,但是在做事的方法上难以得当。所谓得当,就是用网络化的手段解决网络时代组织生产的问题。"得当"在我看来也是一个进化过程,张瑞敏几乎每周进行同一主题的指导,就是保证这种进化不要偏离方向。

有的平台主在会上说:"我就是在开放资源,可是出来的产品并不理想。"张瑞敏反问："你的开放程度如何？是否可以真的保证优质的资源进入？一步步告诉我，你是怎么做的?"有的平台主说："我把现在的各种社交工具都用上了。"张瑞敏追问："在和用户交互的时候，到底是你在主导，还是用户在主导?"

很多时候，海尔的改变就是在张瑞敏的步步逼问下产生的。点点滴滴，日积月累。

关于海尔的社交进化，我在后面会以海尔文化中心打造的"海尔"微信公众号为例进行说明。

2. 海尔生态圈战略

去海尔化

2014年年底，我对海尔的调研结束。在2015年这一年的时间里，因为有新的项目在运行，我没有像以前那样频繁奔波于上海和青岛两地。所以，这一次聆听张瑞敏在集团创新年会上的战略指导时，有了一种久违的思维愉悦。

这一次，张瑞敏发表了在我看来值得学界和业界关注的两个观点：定义互联网企业；宣布海尔进入打造生态圈的阶段。这个时候，张瑞敏对管理的思考已经摆脱了所有教条的束缚，突破了管理理论的极限,进入了一个更加梦幻的阶段。

2012年年底,我以胡泳教授研究助理的身份进入海尔,开始为期两年的调研。彼时,我对真实的张瑞敏一无所知。2010年,我在《中欧商业评论》时写过一篇《张瑞敏,独钓寒江雪》。那篇文章属于臆想写作,我通过大量的二手材料企图感知这位刻意离开公众视野一段时间的企业家。事实上,即使是今天,我对那两年张瑞敏的心境究竟是不是"独钓寒江雪",仍然无法确定。经过后来对他的访谈,以及梳理他的内部讲话,起码有一点我现在可以确认:21世纪的前10年,是张瑞敏主动对外交流最多的时候,但公众并不知道这一点。

没有样板,没有路标,张瑞敏便用大量时间和全球最顶级的经理人与学者交流,这十年的交流是以学习为主。他和杰克·韦尔奇探讨组织倒三角的问题,韦尔奇说他一直想这么干,但因为组织过于庞大,危险系数较高,没能实施。有同样说法的还有郭士纳。两位曾经的顶级经理人虽然没有给出明确的答案,但坚定了张瑞敏的信念,传统组织层级必须要被颠覆。①

张瑞敏想出了用"人单合一"的模式来倒逼组织变革,这种自

---

① 关于张瑞敏从2000年到2012年之间的交流和思考,可参阅《张瑞敏思考实录》,机械工业出版社,胡泳、郝亚洲著。

2. 海尔生态圈战略

下而上的思路可谓是奇兵出击。我将这种思路称为"权力分解"：决定企业生存的不是企业本身，而是市场，那么，市场就应该具有决定权。而企业固有的层级结构是一种自下而上权力递增的模式，最高统治者的权力不再是计划、组织、领导、控制经典管理学中的四大职能，而是成为市场权力得以实现的"资源平台"。

职位越高，平台的功能就越要被强化。所以，在海尔内部，真正感到痛苦的不是一线员工，而是大中小平台主们。他们的工作不再是制订计划、分配任务，而是积极配合平台上的小微或者创客们和市场进行对接。眉头紧锁是我和平台主们打交道时看到的习惯性表情。

反观创客们，则是跃跃欲试、摩拳擦掌。他们只需要考虑一件事情，即如何创业。这种摆脱束缚之后的愉悦感在某种程度上正是海尔这个冰冷的家电品牌从内部加温以适应网络时代品牌人格化需求的开始。

如果今天随机采访路人甲乙丙丁，"海尔是什么？"我相信，不会是众口一词的"冰箱"。海尔创客平台已经孵化出了不少在细分市场中具有辨识度的产品品牌，比如雷神游戏本，比如小帅投影仪，比如社区洗，比如快递柜。可如果仅仅从用户角度来看，它们和海尔似乎并没有什么关系。

也许，这就是张瑞敏想要的效果，去海尔化。

"去海尔化"不代表海尔只是做一个单纯的投资平台，它是张瑞敏提出"生态圈"战略背后更深层次的思考。打造一个生态型组织，除了让人成为信息节点之外，产品也要成为节点。

组织信息化是基础

产品附加值由其含有的信息量决定，信息则是由人产生，产品即人，人即产品。

张瑞敏将这类具有"大产品"气质的产品称为"网器"。"网器"的作用在于将"海尔"这个品牌"汽化"——既无处不在，又让你依赖。让用户依赖的前提则是，你在任何生活场景中，都会和海尔发生显性或者隐性的关联。

这不是张瑞敏在10年前就能想到的，而是，在用行动对其战略假设不断进行证伪的过程中，逐步清晰下来的。

我将海尔变革分为宏观和微观两个视角：

宏观是指，张瑞敏从接手青岛电冰箱总厂（海尔的前身）开始，从制度性改造和对现代企业管理制度的构建，到现在提出"互联网企业"，从"日清日结"到"人人都是CEO"，再到创客，这一系列大到理念小到个体的变革演进都遵循着"知识解放"的逻辑。以往，我们会认为"人"是知识的主体，可是当"人"被网络化之后，知识的主体就变成了知识本身。物理空间里的人是工业人，赛博空间

2. 海尔生态圈战略

里的人是知识人。

微观是指，从1998年开启的流程再造至今，中间有"1000天再造"这样的插曲。这一阶段，海尔着力解决的是企业硬实力，即信息化的问题。

2000年4月，张瑞敏在《海尔人》上发表文章《"新经济"之我见》，不无感慨地把参加达沃斯论坛的心得汇总成文。也是在这篇文章里，张瑞敏明确提出了海尔的新经济之路，而这条路必定始于企业信息化。

可以这么说，没有组织信息化的支持，就不会有"人单合一"的探索，更不会有张瑞敏在第二届互联网大会上大胆定义"互联网公司"的演讲。

信息化解决的不仅仅是企业流程问题，而是对管理提出了更高的要求。我在调研位于湖北省宜昌市的隐形冠军安琪酵母的时候，发现这家公司管理机制的确立正是建立在信息系统引进之后。甚至我在采访安琪酵母的董事长俞学锋时，问他如何理解互联网，他直言，其实就是信息化。

如果沿着这条路径继续探讨下去，就要明确"信息"在这个时代具有怎样特殊的含义。

我曾经的领导、长期专注创新学研究的前长江商学院教授廖建文在给我们布置学术课题的时候提出，跳出传统和互联网的二元争论,在产业融合或者说跨界的今天,我们囿于工业时代思维的两分法只会让问题越来越纠缠不清。

知识底层逻辑是信息,但是信息的形态早已发生了变化。戴维·温伯格在《知识的边界》中提出了"知识的网络化"(networking of the knowledge)的概念。传统意义上的知识载体已经超负荷,包括我们的大脑。知识结构发生了变化,房间里最聪明的那个人就不再存在,而变成了"房间"本身,这个"房间"就是网络。温伯格的意思不是指网络的智能化,而是指知识已经和网络分不开。

网络化知识的本质是比特,是0和1这样的数字。所谓企业数字化,就是企业如何搭建一个无比聪明的"房间"。"房间"的功能是成为数字平台,成为知识生产和流动的生态圈。

然而,这些不过是我今天坐在电脑前的高谈阔论而已,殊不知,对于组织,尤其是海尔这种体量的组织,奠定其网络化平台的过程有多艰辛。

在海尔花费巨资请IBM和惠普搭建了新组织流程后,张瑞敏感觉这个流程复杂了,而且没有解决组织内"信息孤岛"的问题。他毫不犹豫地开启了"再造"工程,这一阶段,恰恰是海尔对外界最沉默的时候。

解释越多,误解越多,张瑞敏不可能把自己的全盘思考都告诉公众。当然,还有一点至关重要,张瑞敏对海尔进行变革更多是基于理论假设,海尔能不能趟出路走向"窄门",谁也没有底。

"人单合一"的最初探索

我跟随胡泳教授对张瑞敏做了数次专访。大部分时间都会安排在午饭后,在他的书房兼办公室内,一盏清茶,明心见性。如果从常规采访的角度来看,他们的开场白往往过长。张瑞敏每次见到胡泳,都先问问最近有什么有趣的见闻。而胡泳也会先问张瑞敏最近读了什么书,有什么可以分享的。然后,两个人会就"自私的基因""太上,不知有之"诸如此类的话题谈个尽兴。

"太上,不知有之",是张瑞敏 2012 年之前的心得。彼时,"1 000天再造"完成后,海尔内部的"信息孤岛"问题基本得到解决,遂开始了"人单合一"模式的探索。"人单合一"是海尔之后一系列战略推进的基础,它强调员工市场化、组织网络化。这个商业模式的成立需要调动整个海尔集团的内部资源进行重新配置,也是张瑞敏管理思想的核心所在。

"中国的儒家文化本质上还是以小生产为基础,百善孝为先,其实就是巩固家庭。在封建社会,皇帝就是最大的家长,所以一个个家庭巩固住了就可以了,那套伦理在过去肯定是很起作用的。但是到现代社会,我觉得并不能真正实现。再看马克斯·韦伯的《新教伦理与资本主义精神》一书,和我们有很大差异。但我们总不能从现在的基础上跳开去，非要走过那么一段。我们正好处在信息化时代，要问怎样才能让每个人在追求自己利益最大化的前提下，为企业、为社会创造最大化的利益。"

这种价值理念恰恰是与外儒内法的中国传统文化无法兼容的，因此，张瑞敏从先秦的道家思想中找到了对应："就像老子所说的'太上，不知有之'的一种境界。我曾说过自己也有点像《淮南子》里面所讲的'因循而任下，责成而不劳'。我给下属创造一个平台和环境，每个人按照自己的追求，各负其责地去干。"

但在开启网络化战略之后，张瑞敏再次"御驾亲征"，手把手地进行业务指导。海尔这个时期的探索是找不到相关样本可参考的。即使是晨星（美国加州番茄加工商晨星公司，Morning Star）这类被全球管理学界奉为员工自组织经典案例的公司，也因为和海尔之间的体量差距悬殊，而无法成为精准的样板。至于外界喜欢用来对比的阿米巴，则在张瑞敏眼里并没有解决组织层级化的问题。

海尔将组织改造成网络平台，张瑞敏的心里并不轻松。除去舆论压力之外，张瑞敏更需要对员工和自己有一个交代。他的内心是矛盾的。

2014年，张瑞敏接受波士顿咨询公司首席执行官李瑞麟访问时，感慨于世界杯解说员的"以成败论英雄"。不久之后，我们采访他

2. 海尔生态圈战略

时,向他抛出了一个问题:如何衡量这次变革的成败?张瑞敏望了望手中的茶杯说:"进了球吧。"

既要打法漂亮,又要取得比赛的胜利,张瑞敏追求的是理论审美和实践审美的高度统一。美学落地,在海尔这三年的变革经历中,体现在了"残酷"二字上。如前文所讲,海尔没有"功劳簿",今天在自己管辖业务范围内获得成功的管理者,明天就有可能成为《海尔人》的批评对象。就我本人而言,见证了很多这样的实例。

褪去激情澎湃的表述,真相很可能冰冷刺骨,这就是变革的"美"与"痛"。尤其是对于海尔在将近30年中逐步形成的强大执行力文化而言,面对时代的巨变,要向更加强调个人化思维的创业文化转变,无异于自杀重生。

因为之前的沉默,当张瑞敏在2012年年底宣布海尔网络化战略的目标时,在外界看来,过于突然。2012年,小米异军突起,大家都在围绕传统产业如何不被颠覆进行激烈讨论。海尔的又一轮变革几乎和讨论同步而起。

"赶时髦""看不懂""不符合常识""累死三军",这是当时舆论对张瑞敏新动作的一些评价。而几位被认为是国内顶尖高手的专家和学者,更是隔空对张瑞敏喊话,"我要给你提个醒"。有意思的是,在一年之后,这种声音几乎绝迹了。取而代之的是,海尔作为国内传统产业转型的经典案例被反复提及,而那些曾经隔空提醒张瑞敏的学者也拿着海尔的案例,来辅证自己对于组织网络化变革的种种预言。

一年时间,舆论呈现出了两个极端态势。

张瑞敏则似乎从来没有被外界的褒贬所动摇,我们在跟他的对话中,甚至捕捉不到他对舆论有所感触的信号。

也许张瑞敏在刻意忽略,也许他真的没有接触到这些资讯。众所周知,张瑞敏接触最多的媒介是书。我在他的书房里细数过,有52类书。德国古典哲学、德鲁克是张瑞敏最热衷的。最让我吃惊的是,他可以轻松读完黑格尔的《小逻辑》。要知道,《小逻辑》是古典哲学的几大天书之一。

"生态"的意义在于追求每个人的利益最大化

张瑞敏拥有一个发达的出版雷达"系统",国外管理学界出了新书之后,他会第一时间找人翻译过来,影印成册。等他读完的时候,国内出版社也许还没有开始进行版权谈判。2014年夏天,克里斯·安德森到海尔调研,张瑞敏见到他的第一句话就是:"您的书,我全都读过。"我坐在安德森的旁边,看到他眼神中闪过一丝惊喜。我后来跟他在亚太区的经纪人闲聊时,经纪人说,安德森知道自己在中国很有名,但如果真有一个人站出来说,全都读过他的作品,还是出乎他的意料的。安德森早期的书籍，相对晦涩，可读性并不强，即使是专门研究新经济的人，也未必如张瑞敏一般熟读。从海尔提出的"创客"这一说法，足见张瑞敏受安德森影响之深。

在和安德森对话的过程中，我注意到张瑞敏的一个细节。他先是问安德森："创客发展起来之后会怎么样？你不是辞去《连线》杂志主编，加入一个创业团队了吗？你们现在的组织状况如何？"安德森把分别戴了一块智能手表的双手摊开，耸耸肩说："老样子，最后还是要回到传统公司的模式中。"张瑞敏沉默了一会儿，说："这是个问题啊。"随后，他突然自问自答："核心竞争力在这个时代是不是不再适用了？我感觉是。"他告诉在场的人，先别把这个观点说出去，因为他考虑得还不够成熟。

企业的核心竞争力（也可以说是核心能力）最早由普拉哈拉德和加里·哈默提出，这是一种相对竞争对手而言的制胜能力。2015年，廖建文教授在《哈佛商业评论》（中文版）发文提出，核心竞争力是相对于组织内部的知识积累能力而言的，而生态圈能力是外部连接能力，两者在互联网时代相辅相成。生态圈能力可以成为放大核心竞争力的杠杆。

以前，"一招鲜"可以使企业立于不败之地十几年。后来是几年，现在恐怕只有几个月的光景。网络速度的本质是学习速度，学习速度则取决于"连接"能力。实业界和学界几乎同时看到了这个趋势。

海尔在2015年的变革中，就是在强调构建生态能力，无论是社区洗，还是快递柜，亦或是雷神的游戏周边生态战略，都已经开始具备成熟互联网创业公司的气质与远见。但"生态圈"在海尔的这三年是一个逐步清晰的战略，其内涵经过了数次迭代。

2012年上半年，海尔内部组织形态是"倒三角"，其基本单元是"自主经营体"（简称"自经体"）。自经体可以说是后来小微和创客概念的前身，区别在于前者没有一个明确的公司法人身份。

最早显示出生态圈雏形的是"利益共同体"（简称"利共体"）。利共体强调把组织内外部资源协同起来。提出更高的市场引领追求，在海尔内部被称作"举高单"。"引领"是海尔常见的描述战略愿景的词。所谓引领，就是别人做不到的，我做到了，而且是按照互联网的方式做到的。由此可知，实现"引领"对于海尔这样一个从前互联网时代走过来的企业，挑战是相当大的，有点像韦尔奇提倡的"延展"式的目标，也就是说，为了变革，设定近乎不现实的目标和指标。在过程中完成的知识积累重要于结果是否实现。

"高单"不是某一个自经体的任务，而是由利共体提出。因此，在制定新的引领目标之前，海尔人必须要先把外部资源整合进来。但这个资源并非静态，而是一个动态过程。这是跟以往的"供应商"模式最大的不同。海尔和外部资源方属于按单聚散，目标完成得好，双方继续合作；目标完成得不好，则要根据规则进行迭代。

如果说自经体是自组织的细胞的话，利共体则是自组织运转的平台。张瑞敏认为，平台就是快速配置资源的框架，所有的资源通过平台都可以配置起来。因此，对组织的要求就是要变成自组织而不是他组织。"他组织永远听命于别人，自组织是自己来创新。"张瑞敏说。

自组织的终极衡量标准叫作"人单自推动"。"就是进来更好的人，产生更好的结果，得到更高的利润，然后又引进更好的人。组织最后应该达到这样的境界，也就是对员工角色的新定位：就像德鲁克所说的，每个人成为自己的CEO。"

这样的循环暗合"回报递增原理"，也是海尔所追求的网络化组织的极致。在工业经济中，成功往往会自我设限，它遵循回报递减的原理；而在网络经济中，成功是自我增强的，它遵循回报递增的原理。

在利共体之上，还有"网"，即现在平台的前身。相应地，有大中小三个网主。网主们的工作只有一个，即资源配置。这种网状组织和现在海尔的平台组织之间的区别在于，后者的平台主们不但要配置资源，还要承担孵化的任务，他们必须真金白银地参与到创客的创业活动中。

2013年下半年，海尔内部提出了"在线员工"和"创业者"的新主张，通过"在线"的方式让组织的边界尽可能往用户端靠拢，将组织内外的资源彻底打通。而员工可以成为真正的"创业者"，在海尔的大平台上自己寻找创业机会，同时配合内部的风投机制，或者员工自己到社会上组织力量，成立小微公司。

事实上，通过组织开放打造平台型公司，只是海尔平台构架的一个部分。网状组织的最终目的是要搭建用户资源和个性化生产之间的通路，实现真正的"大组织，小公司"。

"小微"是海尔在 2013 年下半年提出的，是实现人人创客化的手段。所谓小微，就是在海尔的创业平台上生长出来的创业公司。

张瑞敏为海尔第五个战略阶段提出了网络化战略的目标，海尔要成为一个平台型组织，在其中实现"组织无边界""管理无领导""供应链无尺度"的"三无"目标。"无边界"强调的是组织不再封闭；"无领导"强调的是员工要进行自我驱动和自我管理，其实可以理解成后来的创客概念前身；"无尺度"是指外部资源的接入。三者结合到一起，就是小微。

张瑞敏认为，无论是商业的两大环节（创造价值、传递价值），还是传递价值的三个流（信息流、资金流、物流），都要自己创业创新，不存在仅仅是执行的节点。

海尔曾经根据业务的不同、战略要求的不同、经营策略的不同，试图以四类小微概括所有员工。四类小微分别为虚拟小微、孵化小微、转型小微和生态小微。最新的资料显示,现在这四类小微已经合并成了两类:孵化小微和转型小微。"生态"不再单独提出,是因为"生态"必须要作为所有小微的基因。

"生态"的意义在于消解了零和博弈的过程,追求每个人的利益最大化。利他主义的前提是利己。这是张瑞敏在读《自私的基因》时得到的启示。

3. 海尔不想挤

2015年12月17日，张瑞敏在乌镇举办的第二届互联网大会上发表了一个大胆的观点：现在没有真正的互联网企业，只有拥有互联网技术的企业。张瑞敏就像《皇帝的新衣》中的那个孩子，一举戳破了在国内已经膨胀多年的泡沫。

对于传统产业的公司而言，鼠标＋混凝土就是所谓的"互联网＋"。在这些自以为看破新经济本质的人看来，互联网不过是一个高效的信息渠道。

张瑞敏此前接受《财经》记者采访时有过这样一段表述：

3. 海尔不想挤

互联网＋企业绝不是简单的"油＋水"。这个油很好看，飘在上面闪闪发光，但是水和油是分离的。利用互联网技术和手段，与用户零距离，才能真正达到水乳交融。我们称之为"用户付薪"。

比如，海尔物流管理车队，以前人工派活，现在改成ERP系统派活，这不是互联网＋，这只是信息化手段。我们需要颠覆整个传统流程，去中心化、去中介化，让用户直接上系统抢单，车队和用户直接沟通。

去中心化，就是使每个员工都成为市场中心，所有的管理者把手里的权力全部让渡，包括决策权、用人权、分配权。传统企业也试图分权，但是分来分去，还是在管理者手里，现在管理者剩下的权力，就只是提供资源。朝着这个方向去做，也许就能达到德鲁克所说的，21世纪的企业应当是每个人都是自己的CEO。

去中介化，就是去掉原来要在企业中走的流程，每一个员工自己跟用户零距离。

互联网＋对企业来说就是要脱胎换骨。如果花了钱上ERP系统，还是传统模式的话，不解决任何问题。传统企业不能习惯于旧瓶装新酒。

过去海尔也经历过多次变革，但是这次完全不一样。过去变化有路标，可以学习美国和日本企业，这次恰恰没有路标。那些用互联网技术发展起来的企业，组织结构在某种程度上也是因循传统企业的管理经验做的，我们不能对照腾讯、阿里、小米来套出海尔应该做什么平台。

企业从 0 到 1 之后，必然都想着从 1 到 n，此后，企业的组织结构又会回到传统，变成自己的束缚。大爆炸之后是大挤压，别人看明白之后都会跟你去挤压。海尔不想挤，就必须从头摸索。①

"海尔不想挤"，这就是当初张瑞敏问安德森创客做大之后去向如何的本意。我们总说互联网思维，却不过是穿着新鞋走老路，除了在营销上或许会产生爆炸性的效果之外，组织在营销之外的环节又会走到工业时代的路径上。这样的例子在中国的创业公司中并不少见。

ERP 是组织互联网化的必要非充分条件。如果要完成向互联网公司的转型，则要对权力充分分解。这里说的"分解"，不是传统意义上的"分权""下放"。在分布结构的网络中，信息权力绝对不是资源拥有的权力，这是和工业组织完全相反的情况。

张瑞敏的思考不是凭空而来，在我看来，这同样是一个摸着石

---

① http：//business.sohu.com/20150518/n413256512.shtml

3. 海尔不想挤

头过河的过程。2012年，小米和特斯拉被舆论奉为颠覆者典范，无疑也成了海尔内部讨论的热点话题。尤其是张瑞敏对员工提出"交互产生价值"的要求时，我遇到的每一个平台主都会和我讨论小米是如何做到的。

我本人也经历过对小米神话的迷恋。有一次，我刚买了一台MI2，在旁听周六例会时，忍不住玩了起来。会中休息时，杨绵绵过来说："别人都在讨论，为什么你在这里玩手机？"

和用户交互只是互联网公司的一个特征而已。熟练使用各种社交工具，对于海尔而言，有些难度，但并不意味着海尔就无法进行互联网转型。张瑞敏想的是体系问题，一个标准的互联网公司应该具有怎样的特征，支撑这些特征的背后力量又是什么。有人说是去KPI，有人说是合伙人制度，有人说是去层级，这些都是盲人摸象。单纯从个别细节去考量，最后的结果就是"混乱"，而不是复杂科学中倡导的"混沌"。据我所知，有些宣称去KPI的公司，在事实上处于无人决策的尴尬境地。

在互联网大会上，张瑞敏面对的是和海尔看似泾渭分明的中国互联网的巨头，对于他来说则是中国商界的后生们，他结合自己的变革实践发表了见解：

> 我从我们自己的转型探索当中体会到，互联网企业，首先

是能够融入互联网的企业，而不仅仅是将一些互联网技术进行应用的企业，比如说大数据、智能制造，应用互联网技术只是必要条件，并非充分条件。我个人想，互联网企业，应该使企业成为互联网的一个节点。打个比方，把企业比作一台电脑，如果连入互联网就无所不能，脱离互联网可能就一事无成。企业连入互联网，就可以充分利用互联网上的各种资源，可以开放自己和互联网一起成长。这是我对互联网企业的一些认识。

张瑞敏认为，互联网公司不同于工业时代公司的重要一点是"零距离"。事实上，这个答案已经在他脑子里盘存了两年。2013年，"互联网思维"平地一声雷，几乎将中国商界炸出一个理论的陨石坑。我们和当时来海尔参观的凯文·凯利（KK）一起午餐时，我问过KK这个问题："何谓互联网思维？"KK愣了一下。我担心自己的口语表达不够准确，又请他的翻译问了一遍，KK面无表情地摇了摇头，说自己在美国没听说过这个词，他也解释不了。

那么，到底存不存在互联网思维呢？我认为答案是肯定的。当然，"互联网思维"这个词值得商榷。在很多经典的管理理论中，是可以找到相关表达的，比如"体验经济"，这是一种场景融入；再比如普拉哈拉德提出的著名的"N＝1""R＝G"，这可以看作互联网思维的前身。

3. 海尔不想挤

张瑞敏在回答什么是"互联网思维"这个问题时，就提出了"零距离"的概念。"零距离"是一个高度凝练的概括，它同为因果。其包含了三种关系的表述：顾客和用户的关系，员工和用户的关系，互联网工厂和用户的关系。

"企业无边界、管理无领导、供应链无尺度"，这是张瑞敏在2013年提出的海尔想要达到的"三无"境界。这三个层面在落地具象化之后，就是上述的三种关系。

4. 在 AOM 年会阐述"人单合一"

张瑞敏在《致创客的一封信》中描述了自己的愿景：

三十年，既轻如尘芥弹指可挥去；三十年，又重如山丘难以割舍。区别在于，你是生产产品的企业还是生产创客的平台。海尔选择的是，从一个封闭的科层制组织转型为一个开放的创业平台，从一个有围墙的花园变为万千物种自演进的生态系统。

从生产产品到生产创客，海尔的转变具有更加宏大的历史内涵。

宣称自己是为哲学打杂工的京特·安德斯认为："机器并不是我们的成就，并不出自我们之手，它们是陌生的，而自己的产品从来

4. 在AOM年会阐述"人单合一"

不会陌生,即便我们参加了这些产品的制造,我们也不会对它们产生自豪感……是因为生产过程被分割成无数单个环节,工人根本没有任何产生自豪的机会,因为没有一个终端产品能够展示工人在其身上所投入的劳动、质量和业绩。"劳动过程被分割得过于专业,流水线上的工人面对的不是整个产品,而是产品的某一个零部件,最后的结果是一群没有性格的人制造了一批没有性格的产品。

工人无法面对终极消费市场,这是时代的症结。无论是消费者,还是生产者,其面孔都隐匿于数字之后,久而久之,企业习惯了忽略,生产线在史无前例的高效中运转,从空虚到空虚。好比我们对财富的认知往往停留在印钞纸上面的数字,而忘记了其不过是一种代理媒介。这种工业化空虚走到极致就会出现"代理人"错位的情况。

也许"创客"的制造者克里斯·安德森本人都没有意识到,"Maker"是一个多么伟大的创举。它的出现使得人类第一次可以面向自己的产品,并为之自豪。和工匠时代相比,"Maker"时代的不同在于个人化的批量制造。人类可以像普罗米修斯那样造物,他可以把自己的思考灌输在亲手搭建的每一个细枝末节上。人和产品的关系不再是"十年生死两茫茫"。

如果说管理学是哲学的形而下学的话,管理中的一切实践都带有风向标作用。从丰田时代开始流水线变革,到GE的组织变革,再到海尔的变革，都在力求用最直接的方式，让产业工人到组织领导进行角色更新。他们不再是简单的指令输出或者接收者，而是实实在在的要面对产品和终端市场的"造物者"。

从思想到行动，海尔领导的是一场不折不扣的"新七天运动"。

而张瑞敏也的确在思考人在后工业时代的主体性问题。

创办于1936年的美国管理学会，是全球管理学领域最具权威的国际学术组织，有超过15 000多名来自91个国家的知名高校的教授和研究组织的学者，共同促进建立、研究、探讨管理学科先进理念与模式创新。美国管理学会（AOM）年会每年只邀请一位全球知名的企业家到现场进行演讲，足见其规格之高，对嘉宾遴选标准之严。

2013年美国管理学会年会的主题是"质疑资本主义"，这一次的受邀企业家正是张瑞敏。因为很多人想知道，来自中国海尔的创新实践究竟可以为处于困局中的表征资本主义工业模式的现代企业制度带来怎样的颠覆。

美国明尼苏达大学卡尔森管理学院的教授安德鲁·范德文对张瑞敏的评价是："张是一位建设性的'质疑者'。"质疑才会思考，思考变成行动，行动才能实现真正的创新。

在2008年开始的全球性金融危机中，有两个现象值得我们深思：

以华尔街为代表的代理人模式的弊端被瞬间暴露且放大，这被

4. 在AOM年会阐述"人单合一"

很多学者认为是资本主义模式行将末路的体现；当年的《商业周刊》曾经发文疾呼，能拯救美国的只有"创新"了，这里的创新的核心是一群IT精英常年构筑的"硅谷精神"。

信息技术的创新和组织结构的创新有很大关联，因为信息是企业赖以生存的基本生产要素。各种来自硅谷的组织创新模式皆和信息技术有关，所以，我们看到美国在金融危机之后能够再度崛起，和其各种灵活的组织创新有很大关系。

再来看华尔街的代理人模式。这种现代性理论中经典的"仆人"（金融代理商）凌驾于"主人"（投资者）之上的魔鬼交易模式终将面临巨大的考验。张瑞敏看得很清楚，他说代理人模式最后惠及的只能是企业中的一部分人，"这不符合互联网时代的要求"。账目可以造假，最后伤害的是公众和企业中的员工。安然公司的轰然倒塌是最好的例证。

而目前最流行的改造模式就是"全员持股"，无论是贝索斯领导的亚马逊还是任正非领导的华为，都被认为是全员持股的典范。但是这并非解决代理人模式的根本之道。

员工个人的收益直接和股票表现挂钩，而股票的表现并非个人能力的最直接体现。是否可以有一种既能让员工直接享受因为其卓越的能力而带来的物质回报，又可以充分调动其全部潜力的两全之法呢？

张瑞敏长久以来在海尔推行的"人单合一"无疑具备了这样的立足点。而"人单合一"背后的"人单酬"、员工大数据都是很妙的支撑手段。张瑞敏提到,要把企业变成员工自己的。第一步便是通过"人单合一"的双赢模式,把员工的内在驱动力牵引出来,利用自组织的原理,让CEO们自行浮现。这也是平台组织的终极使命。

做平台的搭建者,不仅需要智慧,更需要胸怀和勇气。也许"人单合一"在构思之初并没有要颠覆资本主义的珍珠——华尔街模式的雄心,但是在不断的实践中,它的确为未来的企业治理模式开辟了新的视野。

这也是那次美国管理学会年会邀请张瑞敏阐释"人单合一"的价值所在。

张瑞敏的探索之所以能引起西方学术界浓厚的兴趣,不在于他提出了什么新的概念,而在于他有节奏的推进。2015年年底,他提出了互联网公司的定义之后,在来年1月份的海尔集团创新年会上,就将概念分解成行动步骤。

战略、组织、员工、用户、薪酬和管理,这是张瑞敏指出的海尔成为互联网公司的六大要素。其中,战略与组织是海尔向互联网企业转型的两个首要关联要素。他就像一位教授,用缜密的思路将几大要素串联起来。每一个概念,对应一个海尔的小微案例。在讲解案例时,又紧扣其在生态圈中的位置进行分析,哪里还有待改进,

4. 在 AOM 年会阐述"人单合一"

哪里还需要接入更多资源。

我注意到的是,海尔两位高管梁海山和谭丽霞并没有在场。会后听海尔的朋友说,他们在美国处理整合 GE 家电的事宜。

我认为,海尔并购 GE 家电,是一个关于在互联网时代如何保持企业竞争优势的好案例。就像前文所讲,竞争优势和生态圈是一个互补的关系,后者是前者的杠杆,但不代表前者就需要被完全放弃。海尔做出并购的举动,在很多人看来是为了提升其在北美市场的份额。但在我看来,是海尔保持核心竞争优势的必然一步。

互联网公司不代表纯粹的信息处理公司,就像张瑞敏提出的定义所说的那样,对于拥有高质量供应链的传统制造业企业而言,其核心能力需要被互联网放大,而非消灭。而以 GE 在北美的品牌、研发和制造的积累,对于海尔生态圈战略的迅速实施,无疑也具有重大的杠杆作用。

5. 让二次元疯狂的海尔和作为陪伴者的海尔

我很幸运,从进入海尔调研开始,就见证了两个极具代表性的小微的成长。

2014年年底,雷神小微的小微主路凯林给我打电话,邀请我参加其两周年的庆典。而两年前,我第一次接触他们时的场景还历历在目。

2013年的冬天,我客串主持了一次海尔的创客咖啡。这个活动是由海尔文化中心发起的,每个月都找一个小微团队和外部的专家资源做对接,大家面对面地坐在一起,一边喝茶一边交流经

5. 让二次元疯狂的海尔和作为陪伴者的海尔

验。其实，这是一个学习的环境，毕竟当时创客们的激情多于方法。

雷神刚刚冒尖，作为样板出现在了海尔周六例会上。去主持之前，我只知道这个只有三个人的小团队在用小米模式做游戏本，其中一个人独自运营着2 000人的"粉丝"群。

以下这段文字来自我的采访笔记。

雷神的成长

"雷神"是海尔的一款游戏笔记本，在京东的平台上出售。2013年12月24日和2014年1月15日，两次发布都被一抢而空。

雷神的创业团队最初只有两个人，一个叫李艳兵，一个叫李宁。李艳兵负责推广，李宁负责社区维护。接口人是路凯林。雷神是PC平台主周兆林的一个孵化项目。

据李艳兵说，他们5年前就想进入这个市场，但是一直没有下定决心。开始做之前，他们从京东商城获取了30万条用户对于这个市场的需求，最后抽离出了13条关键性需求。他们认为有7条是可以被满足的。

周兆林对这个团队的干预度非常低，他的要求只有一个——零库存。而且，我认为，因为周兆林是个资深的网游玩家，有偏好，所以没有直接卡死这个项目。

雷神的上游是蓝天。这个供应商开始是被FU[①]禁止引入的。但是，大的厂商不愿意做，最后还是找到了蓝天。下游分销是京东商城的独家。

在没有上市之前，雷神团队先在京东上打广告，把感兴趣的人吸引到一个QQ群里，这些人是雷神最初的"粉丝"。在京东上市之后，连续两代产品都配了VIP卡。这个卡片是进入QQ群成为"粉丝"的通行证。

李宁的任务就是不断和"粉丝"进行互动。"粉丝"分为如下几类：指导型，会很真诚地给他们的营销策略提建议；情感需求型，比如有一个"粉丝"经常一给他打电话就打四小时，聊各种话题，甚至私密话题；常规发烧型，比如聊装备、解释疑难杂症。现在"粉丝"群里有1/3的"90后"，大都是家里不缺钱，但是行为比较另类的人。

QQ群的特点在于交流的即时性、话题的随意性和快速变化，同时比贴吧更便于用户接入。虽然QQ群中的交流内容繁杂，很少会出现能够长时间吸引关注和讨论的话题，但QQ群中的交流更为随意，也更为感性，在用户间情感纽带的形成和强化方面具有优势。

[①] FU是海尔以前的人力、财务等职能型部门，老说法。

5. 让二次元疯狂的海尔和作为陪伴者的海尔

雷神最核心的就是"粉丝"黏度,这和小米当年的起家非常像。而且,雷神也很轻,没有研发和销售。"粉丝"的数量基本接近李宁个人的能力边界的时候,就需要"粉丝"自我管理了。

"粉丝"之间日渐熟稔,交流内容已不只局限于雷神产品,而这之中的主线实际上是"粉丝"间感情的交流。渐渐地,QQ群中一些具备相关专业知识、乐于助人的"粉丝"凸显出来,成为意见领袖。这些"粉丝"领袖与雷神团队的交流也很频繁、深入,他们不仅仅帮助大家解决问题,同时自发担当起了"代言人"的角色,替雷神团队回答一些问题、发布信息,甚至规范"粉丝"群中的一些基本秩序。

雷神团队精心设计并提供了一系列的机制,奖励"粉丝"领袖们的贡献,同时也激励其他"粉丝"为社区做出贡献。雷神利用给"粉丝""称号",来让"粉丝"内部自动形成序列,如贴吧中的"小吧主"、QQ群中的"大队长"等。在很多雷神的"粉丝"看来,这些代表着雷神团队和"粉丝"们对自己的认可的称号,比物质奖励的吸引力要大得多。"粉丝"积极参与社区活动,制作周边配件,上传自己制作的壁纸、装机教程、测评攻略、相关新闻等,只为了能够获得其他"粉丝"的认可和尊重。

前一阵子,一个朋友还跟我说,要让用户把社区当成天堂,把意见领袖塑造成天堂里的菩萨。雷神的社区运营超越了"造菩萨"

的境界,就像海尔目前实行的平台变革一样,让用户自己来抢当"菩萨"。

在"粉丝"自发和机制推动的共同作用下,已经形成了一个具备自我治理能力、演进能力和强大凝聚力的雷神"粉丝"社区。

雷神第二代发布的时候,京东商城上的预约用户是18万人。京东商城认为转化率可以保证3 000台都卖掉,于是就把3 000台都买断了,而且还是提前打款。最终21分钟之内被抢购一空。用路凯林的话来说,京东就是看上雷神的"粉丝"了。

"粉丝"交互并不是所有人都能干的,这里面绝对有一个代际问题。现在海尔里面都说交互,但是谁也不敢说是谁在交互。谁在交互这个问题很重要。游戏这个话题,一定要是至少"80后"的人才能搞得出来。尤其是现在面对"90后"消费群体,要由能对话的人去做这个事情。

举个例子,海尔以为自己是名牌,雷神在交流的时候发现,"90后"根本就不认牌子,只认性能。去掉了海尔的品牌,反而拉近了与用户之间的距离。

由于现在雷神的"粉丝"互动很好,百度贴吧、中关村在线和京东论坛都在抢这些"粉丝"。由此可见,建立自己的交互社区显得很急迫。

未来"粉丝"规模扩大的话,一定要上数据挖掘工具,把"粉丝"的行为量化，并且分享到海尔的数据平台上。因为大数据追求的是相关性，对游戏本的"粉丝"模式分析，很可能会对其他产品的研发带来启示。

雷神对海尔的意义

张瑞敏曾在沃顿校友会上着重举了雷神的例子，他用此案例来说明从金字塔组织到平台型组织的转变意义。我的理解有两点：第一，海尔的每一次组织变革，都是先树立样本，再往集团内推广。雷神正是海尔最想要的创客模式，轻、快、准。轻是指模式很轻，组织内的年轻人要做的就是找准用户需求，快速推出产品，并进行快速迭代。上游供应商是蓝天，下游是京东和天猫。上下游资源都是海尔本来的合作商，年轻人借力即可。这就是张瑞敏一再强调的，海尔提供平台和资源，创客专注于整合即可。第二，雷神在"粉丝"经营上采取的自驱动、自管理也是海尔要追求的目标。互联网带来了一个人人时代，也就意味着自组织模式在网络世界里是完全可行的。海尔是一个传统制造型企业，其最大的弱点就是对互联网工具的使用不够熟练。雷神让海尔看到了这种能力，也就看到了实现自组织的可能性。

雷神是一个完全小米化的产品，而海尔的优势制造是白电，两者集合起来看，倒给海尔的白电提供了一条反向开放的路径。白电制造的难度远大于笔记本、手机等黑电产品，这个难度主要是供应链管理难度。海尔的白电模块化水平已经很高了，其制造水平在全世界都是顶级的，所以，如果让海尔白电照小米或者雷神的路径走，做一个轻模式，很难。

白电的出路在哪里？传统制造业缺少的是用户数据。虽然很多传统厂商都宣称自己的优势是用户资源，但是这个用户资源和我们今天所说的用户资源并不一样。传统厂商的用户资源是"死"的，一次性的。互联网时代的用户资源是具有扩散效应的，且具有低成本获取的可能性。以往，你需要用一台很棒的冰箱来捕获用户的心，现在，你只需要用一个不错的软件就能抓住用户。且通过对软件不断迭代，用户黏度会越来越高，用户人群会越来越多，你所获取用户的边际成本会不断下降。

我说的反向开放路径，就是指海尔用自己的供应链、模块化等传统制造优势和互联网公司的用户优势做对接，也可以理解为把自己开放给别人使用。对于资源方来说，海尔是一个平台；对于互联网用户来说，海尔则是一个产生无限可能性的品牌。海尔不具体指代某一款产品，而是海尔这个创客平台的产品的统称。

如果把海尔看作一个大硬件的话，其网络化的组织架构以及创客精神就是在互联网时代的软件。现在我们谈硬件革命，是基于万物互联这一基础的。比如，索尼之前出的几代 PlayStation，每年也

5. 让二次元疯狂的海尔和作为陪伴者的海尔

要进行主机更新，游戏也要出新版。但是，都需要用户再进行单独购买。这是一种典型的硬件厂商思路，卖出一台就赚一台的利润，能让用户掏钱就尽量让用户掏钱。互联网时代到来后，这么玩就等于是用硬件给自己筑了一道墙。

因为，互联网会让供应链变得松动起来。比如，以前做显卡的公司，只要它整合资源能力够强，一样可以做出更有意思的产品，因为有互联网巨头为其打造操作系统。最明显的例子莫过于英伟达进军手游产业，英伟达就是用的安卓操作系统。

互联网公司的强项是携有强大的用户资源，加之本身的研发能力，可以打造出适配性更高的软件系统。这个系统可以不再被具体某个厂商的硬件指标所牵绊，反而可以进行反制约。这就是硬件革命的意义，软件不再是硬件的附属品，而是占到了同样重要的位置，因为此时的软件具有互联的基因。

放在海尔的大框架内来看，目前海尔的软件就好像一个触角发达的操作系统，它把海尔这个硬件带到了开放的高度。雷神更像是这个操作系统上的一个 App。

现在来看，我的一些判断还算准确。在对雷神小微团队的几次采访中，我能感觉到的是他们越来越自信。这个自信不但是因为他们成了海尔转型的样板，引来了外界的关注，更重要的是，他们成了资本追逐的热点。比如 CSDN 创始人蒋涛直接拿出了 B 轮战略投资的意向书，放话"估值随意写，我就是看好你们！"

这种自信是海尔转型急需的，因为张瑞敏有一个很重要的衡量指标，那就是社会资本的无障碍进入。只有这样，才叫真的创业。

2014年年底的那次雷神两周年庆典，也着实让我惊讶。我的朋友仇勇（曾任《环球企业家》主编，现为海尔新媒体负责人）问我："你能看出来这跟海尔有什么关系吗？"我说："没看出来啥关系。这不就是去海尔化吗?!"那是一个完全属于"90后"的大Party，正所谓二次元的世界我不懂，估计多年前的海尔也不懂。

有一个很有意思的现象。在庆典上，有几辆全球限量版的顶级跑车助阵。我问路凯林，找来这些车花了多少钱。他的回答让我吃惊。这些车没有花一分钱，是雷神的"粉丝"知道了要办庆典，自发从全国各地赶过来，这些名车就是其中几个人的。

会后，在酒吧喝酒时，你会发现这里简直就是二次元的空间，他们作为雷神的"粉丝"，那一晚比任何人都开心，还有网络主播进行直播。而我，也醉了。

我和雷神的机缘是在海尔文化中心搭建的平台上，而文化中心恰恰是海尔菌的制造者。大多数人对海尔文化中心的认知还停留在《海尔人》报上。的确，长久以来，《海尔人》一直作为张瑞敏对内传达变革理念最有力的途径。对于海尔内部员工来说，《海尔人》相当于"焦点访谈",行使着监督与批评的职能。

但是,在海尔网络化战略开始之后,文化中心开始积极寻求转型。文化中心的传统优势是其组织内的信息汇总能力,这是《海尔人》带来的。转型时,则要将这个优势放大,成为信息管道,而非信息池。比如,文化中心搭建了海尔内部的员工交互平台,同时将外部的优质资源引入,可以让创客们随时找到和自己需求匹配的资源方。

2013年,文化中心对新媒体做了重新定位。在坚持真实交互的前提下,海尔新媒体提出的愿景是"制造陪伴感"。这是充分利用网络消解海尔作为传统制造业的冰冷品牌形象的绝佳描述。

实现"软陪伴"的海尔新媒体

我将这两年海尔新媒体的进化分为两次进阶——1.0和2.0。

在1.0时代,新媒体的目标是企业媒体化。一些优质的媒体人进入海尔后,不会像其他公司那样,做简单的公关工作,而是努力将"海尔"这个账号塑造成一个有性格,有独立思考能力,有情怀,但又不失风趣的独立媒体。

在这一阶段,海尔的微信公众号做出了诸如"特稿"之类的尝试,大量高质量写作者被汇聚在此,为用户贡献着品质上佳的作品。作为企业公众号,不向读者传达企业资讯,却大量诉说着关于这个时代、关于这个社会的情绪。从这一点来看，海尔不但是企业媒体化的先行者，还是成功者。

如此一来，便会有两个"海尔"存在：一个是作为引领全球家电品牌并不断变革的海尔，一个是平行于虚拟空间的诉说者海尔。海尔新媒体1.0的成功不但表现在，刚刚尝试半年就赢得了新媒体领域内的大奖，更是从另一个维度塑造了海尔的形象，这个维度中的用户也许不是家电的用户，但一定是海尔的用户。

如果说1.0时代的海尔新媒体在努力创造用户的话，2.0时代则进入了经营用户的阶段。我跟仇勇聊天的时候，发现他总是一边刷手机一边笑，我觉得很奇怪。他给我看了海尔的用户群，说大家在群里几乎是一刻不停地聊天，当然很多都是新新人类的语言，我实在看不出来啥门道。仇勇说，你别看他们聊的内容没有什么实质意义，甚至跟海尔是八竿子打不着的，但是这个群就是用户每天严重依赖的情感寄托。

单向度的陪伴感是企业制造出来的，那么交互产生的陪伴感则是由用户自己制造的。海尔的用户群就是很好的案例。我将硬件产品产生的陪伴称为"硬陪伴"，即你可能不需要它，但它作为功能的化身，依然要存在于你的周围；我将社群产生的陪伴称为"软陪伴"，这是一种满足即时需求的陪伴能力。

海尔新媒体的出现，很好地弥补了传统海尔产品无法实现"软

5. 让二次元疯狂的海尔和作为陪伴者的海尔

陪伴"的短板,这样便可以形成一个从硬功能到软情绪的全方位陪伴。

海尔大学坐落在海尔园内,就像一个精致的园林,水榭亭台之间传递着张瑞敏对于海尔乃至管理未来趋势的思考。他的思考并非停留在"讲演"这个环节,而是体现在对每一个概念、每一处引用的注解上,体现在他对海尔分阶段战略的规划上,体现在他在这三年从点滴之处推动海尔内部变革的实践上。

我们将张瑞敏代表的企业家类型称为"创造型企业家"。这类企业家既有"制度企业家"破旧立新的勇气和信念,也具备了"基因术士"对微观生命的编码能力。张瑞敏的这三年,其实就是在编写新的组织密码。

但这个工作还远没有完成。从利共体到生态圈,从自经体到创客,张瑞敏对于海尔的进化一定还会有新的思考,这同样是一个不断迭代的过程。

在《知识论导言——张瑞敏的实践智慧》中,我们写下过:

每个时代都有专属的隐喻,创造型企业家能发现其中的奥秘并能将其转化成组织领域里的现实,也就是张维迎说的"捅破窗户纸"的人。他们在为时代创造一种与之匹配并能随之长久前行的制度，同时还能通过不间断地组织基因再造，把知识创造、流转、组合，成为一个生生不息的生命体。

我经历过青岛的一年四季，感受过轻柔的海风和刺骨的海风，这种美与痛的感觉对于追求像海一样感觉的张瑞敏来说，早已习惯。变革是一个没有终点的逻辑矢量运动，任何感官上的触动或许都是幻觉，我们无法也不能沉醉其中。

对于我而言，同样如此。这两年在海尔的调研让我重新找回了做研究的状态和信心，也逐渐明确了自己的方向。虽然在构建自己的生活上，依然没有什么进展，但是我明白了一个道理，就像朴树在歌中唱到的那样："时间无言，如此这般，明天已在。风吹过的，路依然远。"

6. 从流水线到资源平台

美国南北战争期间，北方联邦政府令人称道的是用近乎于市场经济的方式实现了军需配给，而南方政府还处于美国商业史学家眼中的前资本主义。但这种体制落后并没有阻碍南方经济的发展，相反，黑奴为庄园主贡献了巨大的棉花产量后，为解决运输问题又出现了铁路公司，同时纺织公司大量出现。内战之后，世界上最早的企业管理体系就出现在这些公司中。

随着制造工艺的发展以及对专业设备和原材料的需求提高，作为管理策略的纵向一体化开始出现，大规模生产和大规模分销结合了起来。虽然距离德鲁克提出"管理"的概念尚有半个多世纪，但产销分离成了日后管理理论体系的总体框架。在这个框架中，"产"在"销"之前，这就是大工业的基本逻辑。在极为漫长的岁月里，营销的任务就是把大批量制造出来的产品卖给不同的用户。从营销学经典的4P理论也能看出，这是一个制造商主观意志形成的过程。商业世界里的主语一直没有发生改变，那就是"公司"。

美国内战之后，高效的专业设备成为流水线生产的基石，因此"车间"也被历史学家们认为是最早发生管理变革的领域。换句话说，"管理"一词在公司中的谱系最早可以追溯到"车间"。20世纪初在美国公司中颇为流行的一本刊物叫《车间管理》，从中便可见"车间"和"管理"的渊源。而最早奠定泰勒"科学管理"思想的论文便发表在这本刊物上。

如果说诞生于烟草工厂和肉罐头工厂的流水线为"管理"提供了硬件解决方案的话，"泰勒制"则解决了与之配套的软件问题。流水线的出现使得分工和协作有了"效率"的属性，想要生产规模越大，就越要多条流水线并进，而且是高效并进。工人越来越多，但工人的动作和生产积极性不一定越高。可以说，泰勒制的出现在当时几乎是呼之欲出的。

在随后的日子里，车间管理的思想和体系被放大，并被完整移植到了公司的管理框架中。层级解决信息控制的问题，分工协作解决效率问题，这几乎是一个完美的逻辑。

在意大利思想家葛兰西眼里，泰勒制成功附体到了福特公司身上，他称之为"福特制"。在福特制创造了西半球的经济奇迹之后，一种叫做"丰田制"的车间管理思想在第二次世界大战后几乎造就了东半球的经济奇迹。

如果我们静下心来看，丰田制并没有为福特制带来过多的改变，因为管理思想的框架没有发生变化，无非是流程中带有了更多日本独有的文化要素。只不过，美国人用了很多年才参悟到。

只要生产和销售彼此分开，再花哨的流程再造理念也终究会趋于平庸。这就像是在错误的道路上狂奔，跑得越快，距离信息时代就越远。虽然我们很早就进入信息时代，但对于制造商和用户而言，一个空间里几乎出现了两个彼此难以连接的"信息空间"：一个是基于改造企业自身流程的信息空间，一个是基于用户获取资讯能力的信息空间。两者没有打通，就会出现孤岛现象。

那么，天然具有用户距离优势的互联网公司是否可以产生全新的管理思想呢？我认为不会。因为商业的本质是关于物的交换，只要物理世界不崩塌，商业就一定是关于物体的制造和移动。不同于以往的是，此物非彼物。现在我们谈论商品，一定是带有信息特质的大产品。互联网公司可以改变产品的信息属性，可以优化产品的信息化流程，但无法改变产品的制造属性和传递过程中的物理空间。

因此，触发全新管理思想的一定是"制造＋网络化"。这不是简单的两种产业叠加，而是彼此互补：用网络化手段消弭生产和用户之间的距离，进而倒逼整个生产流程。此时，"销"就变成了"消"。在传统管理概念中，"销"代表了渠道，这是一个复杂且漫长的产品信息传递过程。"消"则代表了消费者或用户，其变化要义是用户即渠道。

这个时候，我们可以说管理的基本框架得到了极大突破，制造和销售融为一体，车间和用户直接连接，纵向一体化被网络格式化。当然，这个框架得以成立的前提是专业制造技术的信息化，也就是物联网正在以肉眼可见的速度搭建起连接比特世界与原子世界的桥梁。而全新的管理思想便是与之配套的软件。

我们是幸运的一代，因为我们可以见证类似于当年泰勒带给商业世界的现实震撼力。在这样的大背景下，我们再来看制造业、看工厂，就会有完全不同于以往的体会。同时，也可以比较清晰地分辨究竟什么样的概念是新时代的，什么样的是旧时代的。

比如"工业4.0"，这个概念中最大的问题在于缺少了"用户端"，还囿于供应链环节中的"制造"范围。这也就不难理解，为什么一提到机器人，大家就会想到人类的失业，这个语境中的"人"终究是制造中"人"。

如果智能仅仅是强调机器取代人类的话，这和传统的工业自动化区别不大。智能的底层是大数据,大数据的触发者是人。我们用千百年的时间探索人且不可得,就说明基于人所产生的概念是多变且流动的。大卫·贝尔见到张瑞敏之后,谈到他的第一个体会就是海尔模式的重点是"人",张瑞敏的回应是"你看得太准了"。

制造中人与消费中人并非二元对立,因为"制造"被网络化之后就会将"人"的触点放大且多元化,这是一个商业体验的范畴,而非简单的流程。这就要求管理做出大幅度改变。传统的管理是把人当成机器,新管理并非反其道而行之——把机器当成人,而是将人和数据融合在一起,这样才会产生"流动"的动力和景观。

很多人在比较海尔的COMSOPlat和西门子、GE时,就会陷入脱离管理谈制造的误区。我采访COSMOPlat团队时,大概有以下三点粗浅的体会:

1. COSMO不是一个车间概念,相反,制造仅仅是其中的一个部分。这是它和"柔性制造"的最大不同,应该说后者包含在了前者的范畴之内。所以,在参观海尔建造于胶州的互联网工厂时,千万不要简单认为那就是COSMO。

2. COSMO是全流程平台,它创造三个双边市场,即用户、企业、资源。

3. 有人说COSMO是一个制造版的淘宝,其目的是为更多的制造业企业提供解决方案。但是从其三个双边市场来看,它是在面向三方提供解决方案，就像是 IBM、iOS 和淘宝的混合加强版。

COSMOPlat 的成型就像我在前文说的，是在消解了制造和消费的二元对立的前提下。换句话说，它是新管理思维下的产物，它代表了一种全新的生产主张，可以称之为"新工厂"。

未来的新工厂一定包含这样的特征：用户资源直接与产线资源实时连接，而资源是无边界的。

7. 这里没有帝国，只有平台

2015年夏天，张瑞敏参观了位于美国路易斯维尔的GEA（通用电气家电业务）工厂。在回来的路上，他感慨了一句："这就是龟兔赛跑。"

杰克·韦尔奇对GE长达十年之久的变革，造就了商业领域内在20世纪最后十年中的现象级话题。这位传奇CEO为GE留下了一个完整的管理体系，包括组织、战略、文化等。20年前的海尔就是这套管理体系的受益者。张瑞敏对GEA的员工说："海尔跟GE学过三点：战略上，数一数二；组织上，淘汰最后的20%；管理工具上，六西格玛。"这三点几乎也是表征了20世纪90年代的美国大公司管理的最高境界，但并不意味着这是永恒的正确。

在美国大公司主宰商业世界的这段时间里，曾经是兔子的GE逐渐停了下来。我在参加海尔的周例会时，听到了梁海山（海尔集团执行总裁）和谭丽霞（海尔集团执行副总裁）对整合GEA情况的汇报。一个不可思议的事实是，GEA内部的信息系统还是1985年搭建的。海尔如果想让GEA转变为平台企业，首先就要全面升级其信息系统。可想而知，海尔对GEA的组织再造任务是艰巨的。

2015年，双方达成并购意向后，张瑞敏飞去美国和伊梅尔特见了面，他说的第一句话就是："这对双方都是关键的转折点。"在很多人解读海尔并购GEA意图的时候，往往抱着市场观，认为这是海尔争取美国市场份额的举动。我曾经问过张瑞敏，海尔到底看上GEA哪一点？张的回答是，用户资源。GEA面临的情况和大部分传统家电制造商一样，有很好的用户资源沉淀，但是这不能消除网络时代用户和企业之间关系发生巨变所带来的市场危机。

GE囿于庞杂的资产体系和组织架构，通过自身的组织巨变挽救危机似乎是不可能了。而对于海尔而言，既要美国市场，又要一条符合时代特征的市场之路，则更是要通过我称之为"路易斯维尔实验"的方法，逐步将全球传统家电用户激活。也就是用"人单合一"的管理新思维超越"全球化"语境，排除地缘政治和管理意识形态

7. 这里没有帝国，只有平台

的干扰，把市场与人的这个永恒关系作为唯一的管理尺度。

不知道有多少人注意到了张瑞敏在 2016 年年初的演讲中，对"主语"做出了变更。他在强调国际化的时候，用"人单合一"取代了"海尔"。这是一次非常高级的逻辑调整。

在人类的商业活动中，组织一直都是活动主体，包括我们在说国际化、全球化的时候，也要刻意强调是谁兼并了谁，是谁在扩张，是谁在衰亡。张瑞敏的创新之处在于，把组织长期占据的"主语"位置让渡给了"模式"。所谓模式，就是完整表述的价值观和方法论的集合体。

张瑞敏说："坚定对'人单合一'模式国际化的自信，以'人是目的'的价值观取代强势兼并。国际化的兼并大概失败率是 80% 以上，为什么？因为'谁兼并了就必须用我的'那一套理论。我那一套模式，我们提出来'人是目的'。这是由德国哲学家康德提出来的。马克思也提过，他也不同意把人当成工具，他对'人是目的'也有描述。说理论只要彻底就能说服人，所谓的彻底就是抓住事物根本，而人的根本就是人本身，就是'人是目的'，就是一切把人放在第一位。"

First Build 本是 GEA 的一个创意孵化器。现在也打开了围墙，从做项目升级到做平台，从做家电相关领域到做开放的生态，从 GEA 内部孵化，到开放社会化资本参与。目前，已经成功吸引路易斯维尔大学、福特、阿迪达斯等进行投资，创建跨产业参与的社区，共享资源和创意。

习惯于高福利的美国企业员工抢单跟投，成为了小微创业合伙人。在 2016 年发布的 12 个新产品中，快速制冰机已经获得 530 万美元销售，比萨烤箱成为 GEA 传统家电型号外的首个产品平台。

2017 年 2 月初，GEA 冰箱小微成立。2 月 16 日，抢当 GEA 小微样板，将海尔冰箱引入美国第二大零售渠道 THD，获得 40 000 台订单，这个数量是 2016 年的 10 倍。

虽然转型按照"人单合一"的模式在推进，但过程并不容易。

从 2016 年 6 月份与 GE 完成交割，海外冰箱的项目接口人班超就一直在想双方如何更好地协同，抢下样板来，但这显然并不容易。中美文化本身就存在极大的差异，而更重要的是，GE 的人力激励方式与海尔的"人单合一"存在差异。在 GEA，人力激励是以 GEA 整个白电业务为基础，成员在分享中是看不到自己业绩体现的，这在一定程度上限制了部分成员的主动性和创造性。班超与负责 GEA 冰箱的小微主 Deve 反复沟通，决定从分享机制开始分解。

Deve 虽然认同了转型，但是其团队成员并不十分理解。而打破迟疑的方法就是分解薪酬比例，让员工们拿到比在"大锅饭"里面更多的酬劳，让自己的价值得到充分的体现。对此，海尔海外平台也开始处理 GEA 方面所不支持的财务、数据等系统，保证机制的

7. 这里没有帝国，只有平台

落地。

GEA冰箱小微积极与美国第一大零售渠道沟通，将海尔正在准备的差异化产品推出，同时，双方针对美国市场的年轻人及小空间用户研发新产品，拓展美国市场。

那么，"人单合一"国际化可以带来怎样的启示呢？

我将企业全球化的过程分为三个阶段，即码头、帝国和平台。企业在较为弱小的时候，常常会以技术合作的方式跨出国境线。比如在本产业技术较为发达的国家和地区设立研发机构，目的是连接最新的技术资讯和资源。在技术主导之外，还有一种市场先行的策略。

"帝国"是大部分企业在全球化过程中追求的境界。就像当年成吉思汗的铁蹄踏遍亚细亚，征服与被征服是帝国时代的主题曲。在企业搭建全球帝国的时候，依赖的是强资本纽带。我不是说资本在未来不会作为主导，而是说资本的强势会造成一种带有封闭意味的文化错觉。只要是帝国，就一定是城墙高筑的。

眼看起高楼，眼看楼倒了，帝国的封闭系统必然导致其会有崩溃的一天，因为资本是游离的。解决帝国悖论的方法只有一个，就是把所有的组织都作为动态节点，也就是彻底平台化。平台的底牌是把对资本的注意力转移到"人"的身上，"人"也不是简单的血肉之躯，而是知识体。有的知识体也许是一群人，也许是一个人，也许今天是他,明天是你,重要的是通过赋能,让"人"重新塑造企业的边界,将其变成一个带有生命循环能力的生态系统。

海尔用"人单合一"再造 GEA 意义重大。这不仅仅是中国企业第一次对外输出管理价值观,更重要的是其开启了未来企业全球化的第三条道路。

8. 迷失的独角兽和进击的大公司

在我看来,很多所谓独角兽公司其实就是一头瘸驴头上顶了根胡萝卜。

创业公司的高估值往往来自新技术和新模式两方面,当然,技术的商业化过程本身也是新模式确立的过程。模式的核心在于,在整个价值链条里寻求为组织捕获价值的机会,机会则来自所有跟组织相关的利益群体,来自前端盈利模式的设计。它存在的前提是先产生用户价值,并可以和价值创造保持动态平衡。

把这几句书面语用大白话说出来就是,你是否可以打造一个围绕真实用户痛点解决方案的商业模式。既然是模式，它就一定需要一个可以让模式持续运转或者升级的后台系统，这就是管理。

我在朋友圈曾写过这样一段话，大意是中国持续较长时间的人口市场红利和高度活跃的资本市场大大优化了公司领导者的战略直觉。用户市场的特殊性，使得即使是错误的直觉有时也能带来正确的结果。这就和在北京开一个饭馆，再难吃都会有人光顾，都会有人打出4星好评是一个道理。

所以，几乎所有的创业者都有一个独角兽梦想：用捕风捉影的心态获取高估值。创业者享受着投机成功者的喜悦，进而迷失在逐渐暴露出的模式弊端和对自己领袖风范的沾沾自喜中。比如曾经被认为独角兽的一亩田。

从《创业家》复盘一亩田的文章里，可以清晰地看到我刚才说的投机心态。农产品交易市场一直以来都很大，农民对信息化感到陌生显然是个机会，但也会是个陷阱。但是，创业者并没有很好地捕捉到用户痛点。所谓痛点，一定是每天面对同一个事情却又无法处理妥当。农户需要交易，但信息化的交易流程并非必要手段，这是一个用户教育和交易习惯的问题。而资本追求的潜在机会，并不是确定的当下，当一亩田用信息化切入农产品交易市场这个概念出现的时候，吸引到可观的资本也是合情合理的。

巨额资本的介入往往让创业者产生成功的错觉，尤其是被附加

8. 迷失的独角兽和进击的大公司

上了独角兽的光环后。我听说过不少创业者拿着风投的钱买豪车豪宅，整天坐在豪华办公室对着媒体讲述自己"成功人生"的事情。我从来不认为资本有什么错，错的是创业者对待资本的态度。就像文章中写到的，当一亩田本来可以用一笔融资进行缓冲，为自己赢得战略机会的时候，他们为了更高的估值选择了放弃。

这个时候的创业者是听不进任何反面意见的，在组织内部往往也不会听到反面意见。我常说创业公司内部的极权问题比大公司要普遍很多。有一个人用"梦想"维系住了一个团体，在模式确立初期本着"劲往一处使""集中力量干大事"（可参阅我写过的《创业公司需要"管理"吗》），领袖模式被认为是最高效的（可参阅我写的《是做伟大的领袖，还是做伟大的管理者》）。

可一旦创业者没有及时完成从"领袖"到"管理者"的角色转变，组织成员就会进入非主动洗牌期。现实中因为组织内部的混乱而崩溃的创业公司不在少数。

一个优秀的创业者要成长为卓越的管理者，必须要学会颠覆自己，学会把权力轻拿轻放，要学会权衡资本、职业经理人和组织目标之间的关系。

这是从创业公司自身角度来看独角兽存在的问题。如果从整体经济贡献度来看呢？

加里·哈默和他的搭档贾尼尼在《哈佛商业评论》（英文网）上

发表文章《几个独角兽并不能替代一个有竞争力和创新力的经济》。他们首先列出一个数据比较：谷歌新闻列出大约1 600万条有关Uber的报道以及700万条有关Snapchat的报道，相比之下，关于沃尔玛的消息不到350万条，通用汽车大约260万条，而埃克森只有不到70万条。"独角兽对商业记者的吸引力犹如金·卡戴珊对Instagram用户的吸引力。"

Snapchat最近的IPO申请中显示，该公司的收入在2016年增长了6倍（达4.04亿美元）。自2012年开始，Airbnb每年的用户数量都在翻番，其目前的市值已达300亿美元——几乎与世界上最大的连锁酒店万豪国际价值相当。如此迅猛的增长令许多大公司的CEO都深感惶恐，他们终日害怕会被"Uber化"。

两位作者的口气旋即一转："问题是，虽然这些独角兽引发了所有的关注和担忧，但它们其实根本不像人们所说的那样必不可少。"截至2016年11月，全球179家独角兽的市值估计为6 460亿美元。美国的独角兽占据总数的56%，联合市值为3 530亿美元。虽然数字很大，但这些公司的市值中只有不到2%组成标准普尔500指数（19.9万亿美元）。根据这个晴雨表来看，独角兽们大多是无关紧要的。

这篇文章中讲到："毫无理由相信这种状况会在近期内有所改变。独角兽的新生和估值都在减少。2015年下半年有38个公司加入

8. 迷失的独角兽和进击的大公司

了独角兽的行列,但其中只有 19 个在 2016 年上半年成功进入了标准普尔 500 指数。实际上,人们可以说独角兽之所以能在过去的五年里大量涌现,主要得益于一个千载难逢的机遇,那就是遍布全球、几乎无处不在的沟通平台——智能手机的出现。类似苹果 iOS 和谷歌安卓的移动平台让基于 App 应用发展的企业能够以史无前例的速度扩张,就好像 19 世纪加利福尼亚的淘金者们,全球各地的创业家们都汹涌而出,试图在移动生态系统中占得一席之位,然而在苹果手机发布的十年后,最大的金块可能已经被发掘。此外,对于使用其他技术的独角兽们,例如基因学技术或机器人技术,它们是否能够像 Uber、Airbnb 以及其他智能手机支撑的企业那样迅速扩张,我们尚不清楚。"

究其原因,除了创业公司官僚习气不断加重之外,美国对创业公司的态度也并非我们想象中友好。2005—2014 年创立的互联网公司比 1985—1994 年少了 700 000 家。转型创业企业的数量自 2000 年开始就一直处于衰减中,而这些企业对就业以及生产力均有着超乎寻常的贡献。美国经济与其他国家的经济相比或许依然较为强劲,但它已不再像以前那样充满活力。

哈默和贾尼尼认为最关键的还是在于大公司的力量越来越强大。《经济学人》"熊彼特"专栏的作者阿德里安·伍尔德里奇告诉我,这正是他观察到的现象,即大公司的垂直化并购越来越多,它们正在用强大的资本号召力和市场积淀进一步碾压创业公司。

这是好事吗？如果经济为一群被官僚主义枷锁束缚手脚的企业所统治，那么想要创造出一个真正充满活力的经济是绝无可能的。"这个挑战不仅仅是为了激发更多的硅谷型创业精神，同样重要的是，要意识到发展更多的独角兽并不是强有力的反垄断举措，并且我们要一致努力，将现有大公司所蕴藏的潜在创业能量挖掘释放。"

哈默他们眼中的大公司已非在我们心中形成刻板印象的被层级制度搞得积重难返的大象，而更像是一支阵形多变、战术灵活的联合舰队。这位呼吁过"把硅谷带回公司"的当代管理大师一直以来都在全球范围内寻找和其前沿理念吻合的公司样本。把硅谷带回大公司，是极其冒险的事情。因为这涉及从文化到组织的全面颠覆，很可能是一个面目全非的结果，更要顾及上市公司的业绩表现。局部变革是可以的，事实上很多大公司也在这么做，但要从根本上转型需要的就不仅仅是智慧和胆识了。

我估计哈默也想到了这样的困难，所以他才没说"让公司变成硅谷"，而是说"把硅谷带回公司"。当这样的预期和海尔的组织变革相遇时，哈默的兴奋可想而知了，因为海尔不但成了"硅谷"，甚至在平台治理层面已经超越了硅谷。哈默在批评独角兽的那篇文章中只把海尔作为了传统大公司转型的样本，"创业精神会在大胆、简单、扁平和开放的公司中繁荣兴盛。这些并不是一个典型企业巨头

8. 迷失的独角兽和进击的大公司

的标志,但它们应该成为也能够成为一个典型企业巨头的标志。所以让我们停止膜拜独角兽们,并就此努力让每个公司都对创业者伸出橄榄枝"。

大公司还是大公司,但从内在的组织形式到外在资源连接模式都已经发生了根本变化。大公司通过不断定义自己,释放出来的活力和对创业者的保护与指导,都是独角兽们急需的。当然,这首先需要公司管理者自身先意识到创业的重要性。

斯坦福大学的创业学教授艾米·威尔金森问过张瑞敏,为什么觉得创业重要?张瑞敏说:"创业对企业的重要性就在于,企业的领导人必须不断地挑战自我,否则的话,这个企业就会沿着你自以为成功的道路或者过去成功的思维走下去。"我见过太多公司提"二次创业",但不过是空中楼阁。在缺少实际层面的组织变革、绩效改革、战略重新定义的前提下,仅仅是把白手起家时的"艰苦奋斗"反刍了一遍,有时势必会造成对员工的伤害,因为没人愿意接受在不利己的前提下再一次艰苦奋斗。

这给大公司管理者提出了很高的要求。张瑞敏认为就要往"仆人型领导"的方向上转型。他对威尔金森说:"我们把原来人力、财务等所有部门变成了一个共享平台,这些平台给你提供服务,可以让你更快创业。"存在已久的职能部门难以转型的问题,被他用"平台"两个字轻松化解。当然,操作过程并不轻松。

对于创业者而言，心智往往左右战略决策和管理行为。作为创业平台的大公司恰恰可以通过"小公司、大战略"的平台模式，以及自身发展过程中的经验教训，用公司资本和平台知识交互作为纽带，在创业公司的迷茫期对他们起到约束和保护的作用。

有人会说，这种约束是在降低创新活力。我不否认这个观点。但是要相信成熟组织的学习速度远远快于新组织，而且创新和约束是平衡的艺术，需要相对高超的管理思维，这恰恰也是新组织所不具备的。

我是一个"大公司主义者"，我相信真正推动历史的一定是商业世界的这股头部力量。在任何时代，大公司需要做到的都是评估创业的意义。没有创新精神的大公司说到底是没有创业者意识和再次创业的知行合一。

那么大公司可以改变大公司吗？在海尔收购GEA之后，并没有往GEA派一个人，所有的管理层还是原来的。张瑞敏说："GEA慢慢开始接受，正在往前推进怎么样把这个串联流程——各个部门互相独立，变成并联的，连在一起，共同跟用户结合起来。如果把每个人的价值和用户价值联系到一起，很多人其实会接受。GEA有一些员工现在就很接受这个概念了。"

这又是一个有意思的实验。

9. 海尔辩证法

密涅瓦的猫头鹰不在晨曦中迎旭日而飞,而是在黄昏降临时才悄然起飞。黑格尔认为,"反思"是抵达"绝对精神"的路径。既然是反思,就必然包含了批判和重构。它需要在喧嚣中沉静,在行动中认知。这本不是非常高级的人类智慧,但在变革的年代,却显得稀有和宝贵。这是我在近距离观察并在一定程度上参与了海尔变革数年之后的最大感受。

20世纪90年代末,张瑞敏对海尔的流程再造伊始,正是海尔的高速成长期,也是中国制造业的黄金期。自身与环境都没有给变革一个很好的理由，舆论开始躁动。就在纳斯达克崩盘，西方互联网经济被重新洗牌，国内互联网风景独好的时候，张瑞敏又把海尔的变革纵深化。这一次，质疑声更大。国内外互联网经济景观的差异让太多人持观望态度，谨慎总比冒进好。21世纪的第一个十年过去了，张瑞敏更是提出了当时让管理界摸不到脉络的网络化变革理念，这一次质疑变成了嘲讽，一些意见领袖也加入反对阵营。而当21世纪的第二个十年过了一半时，事情开始起了变化。中国传统产业着实遇到了网络时代的冲击，尤其是移动互联网可以轻松迎合用户各种消费场景的时候，传统产业的企业家们感觉遇到了瓶颈，就在他们纷纷求医问药的时候，张瑞敏对海尔长达十几年的变革伏笔成为华彩。这一次人们不但向张瑞敏求教，也向海尔创客平台上的创业者们求教。甚至很多企业和培训机构会通过我，问能不能到海尔学习。

舆论的态度瞬间发生了180度的转弯。不过张瑞敏一直保持沉静。陪他去美国出差时，他对我说，质疑的声音大是好事情，说明海尔的变革触动了人们的神经。这两年海尔成为转型样板，张瑞敏内心依然没有什么波澜。他在各种场合讲的永远都是他对时代、企业和人三者之间关系的思考。每过一段时间，他的思考都能往前推进一步，而海尔的实践几乎和他的思考同步。他的书架上也永远摆放着黑格尔、康德和老子的著作。

9. 海尔辩证法

张瑞敏将海尔网络化变革的起点定在了2005年,即"人单合一"的肇始之年。为了让读者更清晰地看到海尔的变革脉络,我将海尔的变革起点定在1998年,即流程再造元年。1998—2017年的19年,我认为可以大体分成两个阶段:1998—2012年,海尔在组织层面寻求突破,前"人单合一"阶段;2012年至今,海尔把秩序重组作为首要目标,"人单合一"阶段。我们可以将第二个阶段看作之前变革的螺旋上升,用黑格尔的理念来说就是"正反合"中的"合"。当然,这个阶段的海尔变革具有了更广泛的社会学意义,即究竟是先有秩序还是先有组织。德鲁克和哈耶克的答案是前者。

前"人单合一"阶段:把旧范式改到极致

20世纪90年代后期,流程再造理论风靡一时,它旨在解决当时困扰大公司的决策和执行问题。在实操层面就是以业务流程导向替代职能导向。没有两年的光景,流程再造就因为在企业中难以推行下去,而被人嗤之以鼻。张瑞敏的心得是:"领导难以直达终端。国外的一些大公司老板可以花很多钱来请咨询公司、软件公司做流程再造,那样做是再造的形式。但就像德鲁克所说,不管信息发达到何种程度,什么也代替不了管理者御驾亲征。如果下不去,就再没有任何办法了。"

花大价钱请来咨询公司做流程解决方案,不如管理者亲临现场。

这时的海尔正处于国际化战略阶段，提升企业的系统管理能力显得尤为紧迫。2000年，张瑞敏参加达沃斯论坛回来后，颇为感慨。他意识到海尔或者说制造业的敌人不是眼前的竞争对手，而是未来无处不在的信息化。他被戴尔和亚马逊的信息化水平所震撼，深感海尔如果想从"小池塘"游到"大海"中去，就必须通过信息化手段对组织进行再造，而不仅仅是流程再造。

从内部市场化开始，要把人强行推到市场面前，用硬邦邦的现实来提升人的素质。这也为日后提出"人单合一"打下了扎实的基础。

组织再造和流程再造的区别是什么呢？现在回过头来看会发现，两者的价值诉求不同。流程是以业务为导向，但是业务最终要落实到每一个具体的员工身上。员工在执行的时候，究竟是执行传统组织结构中的领导决策，还是市场决策，就完全是两回事了。一旦领导的决策是错误的，那么流程再造只会加速错误决策的实现。

组织再造的第一步是实现组织的信息化。当海尔用10年的时间完成了堪称史诗级的流程再造之后，张瑞敏很快发现了问题：业务链条倒是捋顺了，但是组织内的信息孤岛现象依然存在。业务部门和职能部门并不能实现很好的并联，这是横向沟通的问题，也就是官僚现象。在纵向流程上，每个部门只需要对上级负责，没人对市场负责，这是层级现象。

9. 海尔辩证法

在这个阶段，海尔的变革处于现有管理理论的可解释阶段。随着组织规模不断变大，运营效率递减是铁律。管理理论从一开始其实不是构建新问题，而是在解决老问题。因此，"组织"是核心命题。无论是机械论还是生物论，管理界始终都在围绕这个概念做文章。

可以说张瑞敏把这个探索推到了极致，那就是"倒三角"理论。把原来的组织金字塔倒转过来，从一线员工开始层层倒逼，这几乎是所有大企业管理者的梦想，无论是郭士纳还是韦尔奇，他们从心底认可张瑞敏的思路。海尔可以做到是因为其强大的执行力文化。不过，正是这种执行力文化，日后反而成了海尔网络化变革的阻力。因为，当海尔转型为创业平台的时候，需要的更多是不拘一格的创新文化。

张瑞敏拜访各路高手，包括波特这样的顶级管理学者和韦尔奇这样的国宝级CEO，他不断完善自己的知识结构。我发现张瑞敏的特点是，他对外谈的是管理问题，但私下阅读和与人讨论时常常是围绕"人"的话题，包括历史、哲学、人工智能和宗教，有时还会有段子。他在近几年阅读马丁·海德格尔的时候，可以很轻松地将其和老庄学说融会贯通，并提出了企业要"向死而生"（海德格尔关于生死的概念）的著名论断。这些常常被很多从市场上摸爬滚打过来的企业家称为"无用"的知识，恰恰成了海尔进行变革的理论动力。

"人单合一"阶段：新范式的"绝对精神"

黑格尔认为世界起源于"绝对精神"。"绝对精神"的表现形式是"正反合"的辩证逻辑。我们不纠结世界起源问题，但一定可以发现，在组织变革中"绝对精神"是真实存在的。变革者到底采用哪种价值观，这种价值观不是当下的，而是相信有一条通向更美好的未来的路径。正如管理史学家科雷纳所说，管理解决的都是未来的问题。

海尔的价值观就是 2005 年提出的"人单合一"。字面意思很好理解，员工和市场融合。但是，在方法论层面需要对传统管理体系做出近乎天翻地覆的改变。

当海尔在旧范式之内进行极致的变革后，张瑞敏发现倒三角也并不能真正实现资源并联，因为层级和传统职能体系依然存在，"人单合一"很难真正落地。于是，在 2012 年，海尔开启了网络化战略阶段。这是一个代表全新范式的管理创新时期，就好像一粒种子终于冲破了壁垒，变成了麦穗。这也是在哲学课堂上，教授们在阐释"正反合"理论时常常举到的例子。

如果我们不去考虑库恩的宏大范式理论，仅仅从管理本身来看，旧有的范式是基于科斯定律和韦伯的官僚组织：用金字塔的方式将人们聚合在一起，降低内部交易成本。这是一个自上而下的权力传

9. 海尔辩证法

递体系,而权力来源于假想中的知识拥有者。

可以理解的是,当信息化社会被移动互联网推向第一个小高潮的时候,企业旧范式是难以适应时代的,更不要提落实"人单合一"。可以说,海尔的变革是被这个既定的价值观推到了变革先锋的位置上的。

在这里需要提示读者的是,海尔这一次把组织变革和战略融为了一体,这又是一次对传统管理思维的巨大颠覆。如果战略制定的出发点是错误的话,再美好的战略都会是错误的。因此,必须要对决策体系做出改变。

海尔的网络化战略有两个基点:第一,"三权"(决策权、用人权、分配权)都给了小微,权利非常清晰;第二,小微要直接创造市场价值,还必须自己去整合全球资源。这就可以使交易成本降到很低。最重要的还不在这个地方,科斯说过交易成本之所以高,很重要一点是因为有市场摩擦力。现在,小微没有那么多部门,一下子把摩擦力减到最小,就可以把交易成本迅速降下来。

海尔要做的首先是把企业变成平台。按照我之前说的范式,企业是按照线性模式操作的,但借助于互联网聚拢资源的平台则是非线性的。它必然要求承担平台节点功能的人被充分赋能。但这两个概念并非有我没他,平台和企业是两个并行的概念,张瑞敏称之为"要么成为平台,要么被平台所拥有"。

当平台的属性真正饱满的时候，就意味着它成了一个资源供需的出入口。如果站在一个匹敌上帝的视角看下来，未来的商业世界没有中心，只有节点。而平台会根据资源整合能力的大小，分为小节点、大节点和超级节点。海尔的下一步很可能就是从平台变成超级节点。

小微是海尔平台的最小单位，他们可以自由寻找创业项目，并按照全新的会计体系施行考核。"自由"并非漫无目的，小微的创业项目必须要和海尔的平台战略一致。当前海尔内部有五大平台，所有的小微都在这五大平台下进行孵化。而每一个平台都具备生态圈职能，大平台之下有小平台，也就是大生态之下还有小生态。

平台主和小微主是竞争上岗，海尔内部叫"竞单"。平台主的职能只有一个，即孵化，也就是为小微提供各种资源支持。他们没有人事任免权。谁上谁下，市场和员工说了算。

说一个具体的案例。

厨卫平台是海尔内部的一个中平台。2016年厨卫平台实现收入5倍速增长，平台上小微实现10倍速增长的有三个。目前，厨卫孵化小微一共有391万交互用户，生态收入占比35%。

把8个小微拆成15个小小微，同一目标下全流程各节点并联对赌，同时每个小微主后面有3个后备，驱动平台上小微加速发展。

热泵小微就在这个平台上进行孵化。2016年5月，原有的热泵

9. 海尔辩证法

小微被拆成了3个小小微,3个小小微要各自独立组建团队,独立承接目标,而且全部公开抢单。热泵小微主杨磊对热泵小微并不是简单拆分,他拆分的根据来源于市场与用户群。结果,热泵小微的拆分一下子激发了员工的热情,非但原热泵小微行业第一的目标得到了进一步优化,还生生在"采暖"和"商用"两个原本空白的市场中抢出了行业第一的新目标。

热泵小微拆分成家用热水、商用热水和采暖3个小小微后,效果非常明显。截至2016年年底,家用、商用、采暖3个小小微均实现10倍速增长。2016年6月,采暖热泵小小微的小微主王保森带领团队在北京"煤改电"招标中,从数十家企业当中脱颖而出,签下千万元级订单。此外,商用热水2015年刚开始做时全年收入在400万元左右,但在拆分自负盈亏之后,仅8月份,收入就超过上年全年的50%,下一步商用热泵小微还将打造商业热泵生态小圈。

"对赌"是其中重要的促发手段。厨卫平台平台主孙京岩围绕着2016年实现行业第一的目标,提出热泵小微以及各个节点都要以对赌跟投的方式并联起来。考虑到多种情况,热泵小微在没有经验的情况下,首次对赌跟投的期望目标并不高,是3万元。但结果出乎意料,在小微主杨磊带头下,各个节点都很爽快地掏钱对赌了,更出乎意料的是,一开始计划的只有节点负责人对赌,后来节点的小微成员也主动提出来要对赌。小微一共61人,有58人对赌跟投,跟投比例达到95％。最终，1月份热泵小微的收入和利润都实现了100％以上的增长。

对于"对赌"效果的评估，海尔有一套独创的考核体系，内部称为"三张表"：战略损益表、顾客价值表、共赢增值表。

传统损益表就是企业常用的会计报表，只关注收入和利润，并不关注产品最终卖给了谁；顾客价值表体现的是通过监测全流程的节点对赌为顾客带来的实际价值；共赢增值表体现的是生态圈中所有利益相关方的收益。

其中，共赢增值表首次把企业平台化的效果做出了量化计算，也颠覆了传统会计体系对企业经营状况的评估方法。这引发了又一个全新的问题：华尔街的财报分析是一种线性评估模式，平台企业已经超出了其评价范畴。因为生态收益需要经历一个相对较长的蛰伏期，然后迎来指数级增长。

从这个案例中，我们可以看到这样几个关键词：对赌，并联，全流程，共赢增值表。"对赌"的本质是资本社会化和人力社会化。因为员工一旦变成创业者，就意味着必须要按照全新的逻辑做事，打破组织围墙，为自己引来更多更好的资源；"并联"和"全流程"解决的是资源的网络化协调问题；"共赢增值表"则是全新的生态思维。

从管理思维到管理工具，海尔都已经远远超出了现有管理理论

9. 海尔辩证法

的范畴。

张瑞敏基于生态理论提出了"社群电商"。他眼中的社群不是类似于罗辑思维这种聚拢在个人光环下的用户群,而是通过应用场景将相同需求的用户聚在一起。这种聚集的前提是"诚信",张瑞敏认为"诚信"才是未来电商的核心竞争力。

社群电商是海尔辩证法的产物。用黑格尔的逻辑分析就是,"层级组织"为"正","网络化组织"为"反","社群电商"则为"合"。这是一个不断在行动中纠错的过程。

有一点必须说明:海尔的变革具有可复制性吗?张瑞敏在和海外学者交流时也说过,即使把海尔的工具都拿过去,也不一定会有用。但我理解张瑞敏的意思是,变革不是一个照葫芦画瓢的事。海尔内部做变革时,往往是先推出一个样板,其他人不是简单学习样板,而是结合自身实际提问题,大家在周六例会上放开讨论。样板有样板的问题,参与学习者要给出充分的意见。

海尔的变革具备了一定的理论雏形,也有了适用于自身的工具。至于学习者,不是模仿,而是要深知变革的精髓在过程里。这个场景就像我们翻阅教科书,普适的道理能否转变成属于自己的知识,则需要在实践中探索。

10. 作为金融衍生品的牛

海尔金控平台是海尔的几大产业平台之一，在海尔整体网络化转型的过程中，它既要服从于集团大的生态战略，又要构建跨越组织边界的产业生态，加之金融独特的属性和高监管力度，创新尤其需要魄力和智慧。

海尔金控的掌门人谭丽霞在接受媒体采访时说："海尔金融走出去的优势就是 30 年来对产业的理解。我们知道一个产业的生态圈和价值链怎么构筑是最好的。那么海尔就寻找这么一个产业，它是价值洼地，既零散又没有形成黏度。在这种产业中植入海尔的产融结合模式和管理思想，利用金融工具，打造生产圈的闭环，对产业进

10. 作为金融衍生品的牛

行增值的同时和产业链各个环节共享价值。"

做价值链,而不仅仅是供应链,这是海尔在产业金融领域的突破,这就意味着它既不是供应链金融,也不是单纯产品导向的金融售卖思路。首先,我们需要对价值链有一个充分的理解。

首先,价值链的起点是用户的价值主张,用户即市场。也就是说价值链一定要以市场为轴心。其次,价值链和供应链不同。它不是一个线性的概念,而是一个生态圈,其中包括了为用户创造价值的所有节点和所有要素,也就是全流程和全要素。

传统的供应链金融本质是产品思路,走的还是垫资吃利息的传统路线。可一旦金融和价值链结合,单纯的产品形态就无法适应生态圈的广泛内涵。金融应该扮演的是一双无形之手,将生态圈中的各个环节和要素打通。这其中必然包含了互联网金融、融资租赁、小额贷款、消费金融、第三方支付等金融手段。手段不是目的,把整个产业生态盘活才是根本诉求。

比如被媒体报道过的海尔金融对蛋品行业的改造。海尔产业金融从需求端下手,用金融将消费端、生产端和贸易平台连接起来,建立产销联盟,将传统的供需分离转化为订单式农业生产,以销定产,定制客户化需求。

这样,海尔就把鸡蛋行业的农户、设备供应商、研发、饲料、销路、消费者,还有使用鸡蛋的下游产业整合成一个生态平台,为设备供应商、农户,提供融资租赁服务、小微信贷服务,入股研发、品牌营销公司，甚至在消费端介入消费金融产品。

海尔产业金融最新的一个案例是对牛业的重新整合。首先从用户价值主张下手，解决牛肉消费终端食品安全的问题。然后向上游的养牛业以及更上游的基础母牛引进与繁育、规划育肥延展，同时撬动下游的屠宰加工、冷链物流等环节，最终形成一个可以闭环的价值链。在其中，海尔产业金融用开放的模式大量引入社会化资源，同时还解决诸如贫困地区的"精准扶贫"问题。

中国畜牧业的发展一直以来都远远落后于工业化发展，原因在于非规模化运营而造成的种植端和养殖端的高成本。海尔金融通过和国内多家知名肉牛企业合作，同时扶持中小企业及养殖户，用金融手段重新整合整个产业的价值链。

第一，在种植端，引入美国高端牧草，为种植户提供资金和设备，解决了种植规模化、机械化的问题，从而降低了种植成本；帮助大型种植户直接对接牧场，去掉中间环节。

第二，在养殖端，通过规模化育培，提高了净利润；帮助引入优质母牛的同时，以创新的模式扩大养殖企业短期育肥规模，有效解决母牛养殖周期长、见效慢的运营压力；提高了固定资产效用效率，降低了单位养殖成本，解决国内养殖场牛源不足的问题。

第三，在屠宰端，国内向来不缺少屠宰场，但是大都吃政府补贴，只建工厂，圈舍里没有牛，导致工厂闲置，海尔产业金融到来后，屠宰企业也就有了稳定的牛源供应。

10. 作为金融衍生品的牛

在考察了全球的牛业现状之后,海尔产业金融发现价值链上有两个点最为关键:金融支持和规划化养殖。肉牛养殖是一个需要长期投入的长周期过程,资金的短缺制约了中国牛业扩张的步伐,难以规模化养殖,更难以批量化供应符合消费者需求的牛肉。牛肉终端市场目前存在牛肉紧缺、销售困难等市场怪象也就不难理解。一头牛分成37块,每一块的市场价值不一样,让每一块牛肉按终端客户的精准需求,通过规模化的细分渠道销售,最大化地体现一头牛的真实价值,提高产业链各方的收益,从而使肉牛产业更加有序健康地发展,让老百姓都能吃到质高价低的好牛肉,这是海尔产业金融的目标。

之所以说价值链是生态,就在于牛业的终端完全可以和海尔最强大的冰箱业务合作。海尔有一款智能冰箱——"馨厨"。其思路是以冰箱的入口,连接广泛的生活场景,比如对水果生鲜的消费。这个时候,牛业价值链的末端就和用户的生活场景发生了关联,一个生态带动了另一个生态,形成了一环套一环的模式。

如何改变固有的的牛肉销售体系呢?其实就是创客思路。让在销售端有能力的人创业,因为人作为渠道是最灵活的,由此便形成一个由创客搭建的销售新体系。

从重新发现用户价值主张,到改善整个价值链中的关键节点(比如,海尔产业金融和中集集团合作,打造专门解决运输途中牛质损失问题的运输车),进而形成和海尔其他产业平台融合的超级生态。这可能就是"产业金融"这个新名词的本来含义吧。

11. 海尔你学不会

我想先简单谈一谈海尔值不值得学习。

要我说,这个问题是不成立的。但是最近很多朋友都在问我,包括有些文章也在讨论,企业转型的话要不要学海尔,怎么学,诸如此类。

没有什么是不值得学习的,关键是要建立在两大认知之上:你的学习对象做的事情和你的应用场景是否匹配?你是否有足够耐心?

首先回答,海尔的转型属于哪一类创新。

转型和战略创新本质的区别在于,前者是破坏之后的重新构建,

11. 海尔你学不会

后者则往往基于在原有核心优势之上做加法。因此，转型是管理创新。

加里·哈默在《管理的未来》中，将创新分为了四个层次，自下而上依次是：营运创新，产品、服务创新，战略创新，管理创新。管理创新是最高级的创新境界，它是一个系统化的且较为漫长的过程。就像哈默说的，打造一个新的商业模式比抛弃管理者固有的管理理念要简单很多，所以，大部分管理者会倾向于可以快速见效的创新模式。

如果"管理"可以成为一门学科的话，"管理创新"则具有同等重要性。说句不那么严谨的话，工业时代谈论的是"管理"，那么知识时代则要谈论的是"管理创新"。我们可以笼统地下这么一个定义：管理创新就是对管理的离经叛道。

当然了，我们现在说的"管理"是一种源自斯隆时代的显得有点过时的理论，虽然德鲁克早就有意把这个概念矫正过来，无奈，时代使然，我们经过了半个多世纪之后，还要回到原点重新出发。

对于想要转型的企业而言，学谁不学谁不是头等大事，而是要首先弄清楚，你能不能、愿不愿意进行管理创新。

你们知道美国汽车业学习丰田用了多长时间吗？20年！美国人反反复复参观丰田很多次，才知道原来自己的问题在于不尊重人的创造力。而这个问题，在福特那里就留存下来了。结论摆在纸面上，你读懂的话可能只需要半秒钟，可是这个结论的产生过程会极其复杂。如果有人告诉你，我参观了一次海尔，就知道海尔的精髓了，这一定不能相信。

因为管理创新是一个系统性行为，其成功与否只关乎一点，是否坚持不懈。从两方面理解这句话：坚持对创新的追求；坚持在创新过程中的不断纠错。

管理创新几乎相当于重建，任何来自外部的企业局部案例都无法给你最直接的指导意义，那么就只有试错了。

我还是那个观点，对于任何一家公司的管理创新，一定要带着耐心去看。那种眼看楼起了眼看楼倒了的事情，是海尔、华为这些挺立30年的企业不会做也不可以做的。

哈默认为，管理创新具有终极杀伤力。对终极武器的运用，不是谁都可以。

下面针对想要学习海尔转型的企业，谈谈需要注意的八个问题：

1. 什么是"学习"？

对于企业也好，个人也好，"学习"是调动内部知识资源重新组合并逐渐固化下来的过程。好的"学习"要保持过程的弹性，为进入下一个"学习"阶段进行准备。我理解的"学习"分为两种：知新和温故。

11. 海尔你学不会

所谓"学习型组织",基本是以"温故"为基础的,是经验主义的。联想的"复盘"文化最为典型。知新是新旧知识的交换,吐故纳新。完全囿于经验主义,最后很可能出现联想在做手机业务时的尴尬,极致的复盘文化和带有超竞争色彩的外部环境的动荡产生了矛盾。

把温故和知新融合到一起,我觉得就是"眼到""脑到""手到"的事儿。看到新的,想到旧的,做出创新的。如果企业把海尔作为外部环境要素的话,海尔代表的是新的,那么企业就一定要想到自己固有的是什么。

2. 你是狐狸还是刺猬?

狐狸观天下之事,刺猬以一事观天下。前者以资本家和政客居多,后者以哲学家和企业家居多。如果你是狐狸,在企业转型的时候,就要找到刺猬型的高级管理者来推动;如果你是刺猬,则可以御驾亲征,这是最好的。在成功的组织转型中,很少见到垂帘听政的企业家。

我采访过一些在组织里力推变革的企业家,发现他们的共同点在于思考和行动的一致性。也就是想到哪里,就要做到哪里,这是典型的创业者风格。在这个时候,除了身体力行,没有任何捷径。

3. 新旧之辩。

我们经常把传统企业和传统行业相混淆,所以在谈论转型的时候，会出现主语不清的情况。传统行业中，不见得都是传统企业。传统企业在新经济产业中也普遍存在。

巴西的塞氏企业是生产离心机起家的，但是其去层级、员工自定薪酬的管理理念甚至走在了新经济的代表谷歌的前面。很多国内互联网巨头除了产品和生产手段是互联网化的，其管理方法则完全是工业化的。

决定新旧的最终是管理理念以及理念在组织中的执行结果。

4. 如何践行互联网精神？

这和上一个问题是相辅相成的。张瑞敏认为互联网的精髓是"零距离"，这是互联网精神的管理化表达。其实就是"自由"二字。企业即人，管理即人学。管理创新就是把自斯隆时代被误解的"管理"拨乱反正，把"人"从机器架构中解放出来。

让企业充满互联网精神，是让企业里的人自由得像个消费者，像个领导者，像个执行者。

张瑞敏采用的方法就是，完全赋予员工选择的自由，让海尔成为创业者的乐园。海尔是直面互联网精神的公司，这跟张瑞敏本人的思维结构和海尔的变革惯性有关，更和张瑞敏的驾驭能力有关。

5. ERP不是万能的，但没有ERP是万万不能的。

如果ERP起到的作用仅仅是线性决策的高效，实际上对转型的意义不大，反而加重了传统管理思维。但是，转型的技术基座是信息化，也就是利剑在手，就看你怎么用了。信息化的目的是帮助离市场最近的人迅速配置资源，实现快速决策和快速执行。

6. 读商学院为了超越教科书。

有朋友找我了解海尔的情况时，先不等我开口，就迅速进入评论者的角色，滔滔不绝，用各种模型和理论来论证。可是，他们在论证的时候，总会忘记一个事实：过去的管理理论无法解释快速迭代的商业实践！

你反复使用波特的五力模型、特劳特的定位理论，根本解释不了谷歌的产品战略，也解释不了海尔的网络化战略。

也有企业家说，我们到商学院进修个 EMBA 吧，获取些灵感。你要知道，读商学院就是为了超越教科书上的商业理论。

变革的理念源自企业家对外部环境的直接感知，而不是遵循教科书的教导应运而生。此外，商学院教给你的是做事的规矩，但变革最怕的就是循规蹈矩。如果你每天根据报表做决策，当有一天真的在报表上看出危机了，实际情况却是，你的企业已经坠入了深渊。

7. 超级产品经理能包治百病吗？

海尔费这么大劲做创业平台，为什么不直接请个超级产品经理，用爆款解决问题呢？

这个问题的背后是长久以来的产品驱动组织还是管理驱动组织的理念之争。

首先从产业角度看，家电业的技术规律和手机不同，其产品迭代周期较长，产品的功能体验可替代性也不强。你总不能今年用这个牌子的空调，明年用那个牌子的空调吧。

但是，家电和手机在互联网时代也存在共性，都是用户交互入口。这也是张瑞敏在一次谈话中提到的，比如智慧烤箱，表面上是产品，实际上是个用户的生态圈。在这个生态圈中，有终端消费者，有食材供应商，有烘焙大师，有食谱。而这个生态圈资源，也许还可以和冰箱的资源共享。

也就是说，产品要完成"体验"的使命，就需要调用大量社会化资源，形成一个生态圈节点。海尔不是一个完全新生品牌，它需要做的就是将已有的海量沉淀用户资源用互联网的方式激活，并将他们留在海尔这个大的产品生态圈中。

其次，超级产品经理不应该扮演"西部枪手"的角色，在A小镇解决了问题后，去了B小镇，当A小镇再次遇到问题的时候，依然找不到制度性的解决方案。

组织要具备"浮现机制"，通过部署引导性的组织结构，鼓励个人以一种集中的方式，去相互协调他们出于自愿而做出的活动。显然，海尔向平台型企业转型的变革吻合了"浮现机制"的要求，变串联为并联,以孵化小微为战略立足点。超级产品经理就是在这种自演进过程中自然而然的产物。

8. 避免让权力成为春药。

有个朋友对我说,他所在的组织里出现过这样的状况:本来团队是扁平化的,大家的收入和市场效益直接挂钩。有一天,一个成员一定要争当副总,想拥有对其他成员发号施令的权力。老总一方面同意了设置副总的提议,一方面对业绩核算方式保持不变,结果,这位新上任的副总开始用更多的行政权力干预其他成员的业绩,导致团队军心涣散。

朋友哀叹了一句:"权力真是一剂春药!"

组织内的权力恰恰是传统管理理念的产物,它基于这样的假设,用权力解决问题时可以减少组织内的交易成本,提高效率。现实如此吗?

加里·哈默最近的研究表明,权力的金字塔恰恰会提升15%的交易成本,这种实证研究颠覆了科斯定律。

海尔在做变革的时候,追求的是让市场配置资源,比如"按单聚散"的理念。权力被让渡给了用户,固有组织内的上下级关系变成了创业者和平台服务者之间的关系。这是自下而上的颠覆,也是很多企业领导者在进行组织变革时的思维死角。

如果依旧按照自上而下的变革思路，一定会出现中高层为了维护权力让变革停滞的状况。

一说到转型，就要提海尔，每天也会有大量来自全球各地的企业管理者到海尔来"朝拜"。这是好事。张瑞敏在部署海尔最新的生态圈战略时也提到了，走这条没人走过的路时，必须要有自信。"朝拜者"把海尔作为变革图腾，起码可以在自己心里打个底。

但变革在执行时的复杂程度超出了任何人的想象，也超出了任何一本商科教科书的理论疆域。海尔的变革速度不算慢，一年向前推进一个新的战略目标。但当你观察海尔内部的时候，就会发现，这种速度是海尔每一个人用创业的心态带来的。

管理创新是理念上的颠覆。作为企业，就要忘记固有的资源、流程、价值观，从而在行动上重塑新的能力。

刚才这句话有41个字，我写下来的时候，也许世界又有了新的变化。也就意味着，企业很可能要做出新的适应。这就是变革的乐趣，你永远要去挑战上一秒，用不羁的心灵和坚韧的执行态度去探索新世界。

12. 海尔会在红利期停留多久

有朋友问过我这样的问题："海尔转型算是成功了吧？"他的这个判断是基于海尔的 2016 年财报和 2017 第一季度财报的指标。单从具有震撼力的数据来看，相比较此前海尔在相当一段时间内的平稳增长态势，的确有理由认为，张瑞敏在 2012 年开启的网络化战略取得了成功。但我对朋友是这样说的："海尔可以在未来一小段时间内享受变革的红利了。但请相信我，张瑞敏不会让这家公司在舒适区呆得太久。"

我用"红利"取代了"成功"，因为我知道张瑞敏的字典里压根就没有"成功"二字。他总说要做"时代的企业",这个命题背后就是"彼岸"并无岸。正如他在多年前感慨和他同时代的另一位教父级企业家的"功成身退","他上岸上得早了"。一语成谶,这家公司在新的接班人手里一波三折,折上加折。越是这个时候,人们越是怀念那位老企业家。无奈的是,在错失几次时代机遇之后,那家公司的势能早已不再。

我说这些,无意对两家企业和两位企业家做比较。尤其是我知道,那位企业家是张瑞敏在中国企业界最好的朋友。

时间之中,时代之前

我在以前的文章里写过,我有几个记录本,上面都是我在2012—2014年参加海尔内部会议时观察到的细节,细致到张瑞敏对谁发了脾气,说了什么,对方是如何反应的。我在翻看最近的会议记录时,发现张瑞敏不发脾气了,他甚至很少做是非评价了。这在某种程度上说明,海尔在经历了组织巨变之后,管理在制度和工具层面进入了新的成熟期,这是长期摸索的结果。

但张瑞敏还是会用这样的话告诫在座的各位,"时去英雄不自由"。他最厌恶的人的品质就是"自恋",他说一旦人有了"驿外断桥边,寂寞开无主"的心态,就会停止进步。这话的言外之意是,时间是流淌的,人是在时间的河流中生存的,彼时非此时。过于陷

12. 海尔会在红利期停留多久

入自我欣赏,就是对过去的留恋。如何摆脱"自恋"呢?要向终结处生存。

如果说张瑞敏对管理理论的突破做出了巨大贡献的话,我想就在于他在有意和无意之间将"时间"作为变量引入战略框架中,因为有了"时间",战略被动态化,进而使得组织动态化。在描述这种动态化的时候,张瑞敏使用了"人单合一"这个自创的概念。

有意思的是,在被各种浅层次概念充斥的中国管理界,"人单合一"并没有显得多么显眼,甚至不如某些公司炮制出来的几乎土崩瓦解的概念更具知名度。但在西方国家,"人单合一"几乎成为海尔的代名词,成为商学院教授们重新认识中国管理界的窗口。

"单"即市场,市场即时间。所谓"人单合一",张瑞敏的解释是"人单不二",就像鱼和水的关系,人和市场是无法脱离彼此单独存在的。此处,人就是时间,人的优势就是时间的优势,人所不能到达的就是时间所不能到达的。因此,人可以认识并改变世界,但又必须要承认能力的局限性。只有在这个前提下,作为个体的人才可以"自由"决定自己的命运。人有寻求改造路径、不断描述世界的理性,也一定有安于现状、纵酒当歌的感性。

作为矛盾体的人与时间的永恒流淌之间形成了巨大张力,我将此张力称为"常态化的变化"。如果管理界认可我提出的新管理和旧管理之分的话,则新管理正是要解决变化难以为继的问题,也可以说是在解决大工业时代的遗留问题。因为在利维坦式的工业机器中，人被线性流程从时间维度中异化了出来，成为几乎生锈的铆钉。

一台机器是无法主动适应环境的，相反，外部的任何变化都会导致机器本身出现工作效率的问题。这是因为机器的指令是被提前设定好的，且只接受单一指令。这就是传统的战略和管理的关系。

与其改造机器，加强零部件的精密度，加强指令的执行效率，不如彻底摧毁它，将其变成由自主生命意识构成的命运共同体。每一个自主生命体会主动让自己适应环境，进而保持命运共同体的生命力。这就是新经济时代的战略和管理的关系。当然，用现在的词语来说，这是典型的生态逻辑。

在生态（或者说命运共同体）中，生命体之间是自由且彼此依存的，我将这种关系称为"赋能"。关于"赋能"，我听到过的各种解释中，张瑞敏无疑是最能切中本质的。他并没有将"生态"简单资本化和资产化，相反，他使用了一个极其网络化的词语——"连接"。张瑞敏认为，生态其实就是一个没有边界的网状组织，其本质在于人与人之间产生了"连接"。

这是一个极其宏大的管理概念的构建，"网状组织"的出现完全消解了个体和组织之间的隔阂，也很好地弥补了早前在管理界引起震动的"无边界组织"的理论缺陷。我们可以想象，在这个概念中最小的节点单位甚至比"人"还小，它是一个知识体的概念。当一个人具备多层知识架构的时候,每一个架构都会产生一个连接端口,这个时候,"人"自身就成了一台HUB。

如此,在张瑞敏的设想中以及在海尔的变革实践中,这家公司已经超越了生态,进而成为社会资源整体网络中的一个超级节点。张瑞敏曾在会上对研发人员说:"你们不要去解难题,因为总有难题是你们解不开的。你们要做的就是利用网状组织,寻找能解难题的人。"我们可以将这句话看作对其变革理念的脚注。

这里有一个逻辑问题,必须要解释清楚,即张瑞敏的变革理念来源于哪里?或者说新管理和旧管理之间到底存在一个什么样的关系?

在黑格尔眼里,历史是带有某种逻辑的目标式前进。这种逻辑即为遵循"正反合"顺序的辩证法。正如时代的要求不是突然冒出来的,企业的进化也不可能完全脱离过去而发生。历史发展到了"合"的阶段并不代表到达终点,而是另一场辩证运动的起点。一如黑格尔认为从古希腊至他所生活的日耳曼时代,历史经历了惯常的和谐(正)、抽象的自由(反)和德意志社会(合),最后"合"的结果是"生成",是"有"和"无"的高度统一。

对于企业而言亦如此。张瑞敏从来不认为新经济时代的一切与历史无关。他说,从亚当·斯密时代的手工作坊开始,就是在满足用户的定制化需求,此为"正"。工业革命之后,大公司出现,开始展现规模化效应,此为"反"。新经济时代,技术可以满足用户的个性化需求了,这个时候就需要大公司的手工作坊化了,张瑞敏的原话是"大公司的硅谷化",此为"合"。

公司组织模式的变化沿袭与上一代技术和组织模式之间的关系,即吸收合理的部分。合理的部分和新技术之间又产生了新的关系。新关系中一定还有不合理的部分需要改变,由此就可以促发下一轮组织的变革,即新的辩证运动。

即使从辩证法的角度来看,海尔的变革也并不能用"成功"画上句号。在时间这条河流里,海尔始终在行驶,但在作为横切面的时代中,海尔的确走在了前面。

获取"时间红利"者

我们该如何评价企业?对这个问题的回答既难又简单。简单的是用当下的数据做横向对比,前后对比即可得出答案;难的是,你所选择的素材永远会被时间限制。

有一个美国物理学教授在讲授相对论的时候,举了一个很形象的例子。他说一个高速运动的物体从你眼前飞过,如果你手中的照相机是高速相机的话,你可以很清晰地拍下这个物体的细节,但无法发现它是在高速运动的;如果你的相机很差劲,那么你拍下来的可能就是一团模糊,但能看出它在高速运动。

12. 海尔会在红利期停留多久

对于研究者而言,我们要做的就是既能看清楚其面目,又能将其放入时间流之中。事物的本质一定和其时代背景有关。因此,描述事物的变化要和时间的变化同步。

如何看待现在的海尔,如同如何看待现在的华为一样,如果不了解企业的发展周期,就真的只能是盲人摸象了。华为这两年的急速增长,事实上得益于21世纪初的"冬天"。正是在内外交困的情况下,华为大胆采取组织变革,强化3G战略,使得其日后出现了规模效应。

海尔和华为略有不同的地方在于,海尔在没有遭遇"冬天"的时候,甚至是在其盛夏之际就启动了让外界都感到痛苦的组织变革,而且变革程度越来越剧烈。这是经典的二次曲线原理。

我们可以将变革比作软着陆,在不衰退的情况下保持业绩小幅平稳增长,用张瑞敏经常说的话就是:"给飞机换发动机,还要保持其平稳飞行。"增速的放缓是必然,从外部效应来说,带来了市场空间。我认为,海尔变革的最大代价是为竞争对手提供了机会。

同时,我恰恰认为这是张瑞敏还可以被称为"战术大师"的地方。看过F1的人都知道,在何时进站换轮胎、进几次站的进站策略是制胜的关键。一旦策略不得当,按照F1的速度,很可能就从领先者成为跟随者,直至比赛结束。

张瑞敏带着海尔践行他的"人单合一"理念有十余年之久,这期间经历了流程再造、1 000天再造、网络化战略等几次超大规模的组织调整，连续8年被评为全球第一白电品牌，而且收购了海外高端家电品牌，可以说在这最难的时间里，海尔利用全球化布局开启了另一个局面。一面内部调整，一面外部布局，非水平高超的平衡术不可得。

曾鸣将战略总结为"大赌大得"，真是恰如其分。张瑞敏看准了在技术变革已经发生的前提下，传统管理将是新经济商业模式的最大障碍。事实也的确如此，这一轮的变革也是商业史上截至目前为止最为深刻的一次，任何企业都要拿出冰冻三尺的决心。组织越大，时间跨度和变革深度就越不可测，早做变革者很可能会赢得更大的时间红利。

和市场红利相比较，时间红利恐怕才是从高维发起打击。

我印象中，张瑞敏几乎没有谈论过竞争对手，包括任何一个时代的。他只关注海尔何时要再次寻找自己的二次曲线。而他也是这么告诉海尔平台上的小微主的。

就在海尔业绩大幅飙升的同时，一些没有将新经济的冲击力放在眼里的传统产业的企业家们，开始感受到了巨大的压力。尤其是当互联网巨头将其对资本的高效运作能力延展到线下的时候，依然可以赢得这些诞生于新经济模式下的贵子们尊重的，恐怕只有海尔和华为了。

但这并不是张瑞敏想要的最终结果。他看到了物联网时代,也看到了白电在需求侧时代之后的真正的机会。网络化战略解决的是海尔面向未来的组织问题和平台机制问题,下面就是全面向物联网进军。

张瑞敏不喜欢谈市场份额,而换之以"引爆"。他的"引爆"不是单品的销量和份额,而是究竟能带动多少生态圈中的利益共同体。在海尔内部的三张会计报表中,有一张在我看来是绝对超前的,那就是"共赢增值表"。市场竞争不是零和博弈,而是共同创造价值,共同分享利润。

在物联网时代,"共赢增值表"的威力会得到很大释放,因为白电本身可以作为万物互联的端口之一,而白电的产业链会加速融合到这张网络中,从而放大共赢效应。

让"偶然"生长出来

创新有很多时候来自偶然,这是因为偶然的前提是不介入。不介入的结果是,带来了更多的生长可能性。机会就是众多可能性中的一个。这也是为什么在组织的边缘地带更容易出现创新。

我以前说过,国内真正理解KK的《失控》的企业家只有张瑞敏和马化腾,因为他们在公司内部采取的都是自生长策略。自生长不是乱长,不是发了疯的失控,而是需要一个良好的平台机制,也就是资源配给机制。这种机制就是市场化，打通内外部资源通路，完全实现资本和人力的社会化。只有市场引导下的"失控"，才会是有效的平台创新策略。这就是必然和偶然的关系。

其实，"必然"和"偶然"是交替加强的。对于大公司而言，"必然"往往显得更加重要些。组织的生存能力和心智结构发生了变化，要求也会不同。"必然"变现的成本相对低很多，但这也是波特时代的事情了。敌人是防御不了的，因为外部的变化速度是你始料未及的，公司的防御力终究有界限。大公司能做的就是回归到创业公司的模式，把自己变小，变得惶恐起来。这个时候，"偶然"又回来了。

张瑞敏的变革导向就是用市场作为试金石，让无数个海尔平台上的创客通过被社会验证最后成为必然的结果。这是一个让机会自己生长的过程，就像张瑞敏在每周三的样板会上说的："创业者不是培养出来的，而是生长出来的。"

看似这是一件和大多数公司内部创新没什么区别的事情。实则不然，理解其中区别的关键在于"全流程"。对于一般公司而言，站在最前线的员工拥有最大的权力，但在执行的时候，依然会是线性决策过程，只不过是首尾顺序发生了变化。所谓"全流程"，就是指在决策过程中的每一个主体都要从"串联"决策变成"并联"决策。做市场的员工直接面向市场，研发、采购等人员也要并肩看市场，

12. 海尔会在红利期停留多久

他们可以自主决策是不是要参与、如何参与、如何分享。因为有了社会化的要求，全流程中的大部分环节甚至都可以不是海尔的人。

有一次开周六会，看到我列席后，张瑞敏走到我身边打了招呼，交流我此前提出的一些观点。他突然感慨道："现在的企业只想着业绩，只想着做行业第一，却根本不知道唯一的重要性。"

从"第一"到"唯一"，是线性逻辑到生态逻辑的转变，是生命多样性的标志。"唯一"恰恰是靠计划手段不可得的，一来计划赶不上变化，二来"唯一"是个体价值主张的凸显，它是一个主动迸发的结果。但对大公司而言，争夺"第一"似乎是它们的宿命，这是由其决策体系决定的。层级制度解决的是多对一的问题，而网状组织解决的是一对多的问题和多对多的问题。

也正是因为"唯一"，使得个体在网状组织中具备了成为节点的可能性，否则就会被称为"冗余"。也可以这么说，大公司内部发生"唯一"的气候条件是：网状组织是根本，平台是机制，市场是试金石。

一旦条件具备了，这种带有偶然气质的"唯一"就会成为常态。当无数个"唯一"相继出现的时候，就意味着海尔要进入转型的下一个高地了。这个高地在哪里？我也不知道，但它一定存在。

13. 海尔电商简史

当张瑞敏提出"后电商时代"的时候,也就意味着他对传统电商中的流量思维做出了终结性思考:无论是 B2C,还是 C2C,传统电商模式本质上是关于价格信息的"推送"或"搜索"。以价格促成的交易为导向,势必通过低价把产品卖出去,从而形成一定程度的流量。换句话说,流量的产生是因为价格具有了足够吸引力。但产品的交易环节到底能否体现价值呢?这是一个显而易见的问题,即使没有互联网,工业制造中"产品+服务"的模式就充分说明了用户的价值是纵深性的,价格不过是用户价值的起点。

其实，这就是张瑞敏提出"后电商时代"的背景——当用户价值链在物联网的帮助下可以进行无限延伸的时候，"价值"也被赋予了"时间"的属性，也就是终身价值。而从企业端来说，则是一个针对用户需求的并联开发模式。如果把价值链分为两端的话：在企业端，是COSMOPlat（工业互联网平台），这是解决规模化定制的方案；在用户端，则是我称之为"触点网络"的超级零售体系，在海尔内部被称为"三店合一"，即"顺逛平台"。但这两者之间并非串联关系，而是并联关系，从集团给的定位来看，"顺逛平台"是社群交互平台。

本文着重梳理海尔超级零售体系的打造过程。

为什么是2015年？

2015年，对海尔来说，有几件大事发生：

这是张瑞敏提出"人单合一"的第十个年头。也是这一年，张瑞敏受邀在维也纳举办的德鲁克论坛上发表演讲。三天之后，在伦敦举行的"全球最具影响力50大管理思想家"颁奖典礼（Thinkers 50 Awards Gala）上，张瑞敏被授予Thinkers 50杰出成就奖之"最佳理念实践奖"，是第一个获得该奖的中国企业家。同时，张瑞敏还入选"2015年度Thinkers 50榜单"，是唯一同时获得两个奖项的中国企业家。

海尔"四网融合"的零售体系在经历了之前三年的打磨之后，开始在大平台的概念上做重新整合。所谓大平台，包括线下、PC端、移动终端三大流量节点。2015年，根据腾讯发布的财报显示，微信的月活跃度首度超过了QQ在移动端的活跃度，并覆盖了90%的智能手机用户。微信成为近30%用户手机上网使用流量最多的应用，用户在微信上的流量在所有应用中最高，远高于微博、购物、视频、地图、邮件等服务。这些都意味着微信成为移动互联网的最高频的流量入口，同时腾讯也开始在社交的基础上不断叠加生活场景，微信在某种程度上成为移动互联进入成熟期的特征之一。

在2015年年初，张瑞敏发表了著名的《致创客一封信》——"在互联网时代，每一个人都是自己的CEO，每一个人都应该成为创业家"。张瑞敏开宗明义，海尔在经历了大规模的流程再造之后，已经做好了向平台型公司转型的准备。如果说，此前的改造聚焦于组织内流程的话，做平台型公司的雄心则让海尔正式进入商业理念世界中的"无人区"，即张瑞敏所称的"人单合一2.0"。因为海尔要做的是一个"三位一体"的平台公司：组织平台化、产品平台化、市场平台化。前两个好理解一些，"市场平台化"就是用户在海尔的销售体系中，拥有了"创业者"和"用户"的双重身份，这个平台在2015年时被定义成"顺逛平台"。不过，随着日后海尔逐步完成三大流量入口的整合，"顺逛"成为海尔整个市场体系的名称。

13. 海尔电商简史

蓄能：物流与信息化的持续变革

2006年10月，张瑞敏找来李华刚，告诉他日日顺需要走出专卖店模式，目标是成为一个社会化平台。于是，日日顺开始和海尔物流融合到一起，统称为"日日顺"，并于2010年并入香港上市公司海尔电器（01169），成为其重要的公司资产，而在国内A股市场的上市公司青岛海尔（00690）则主打海尔品牌。

日日顺是李华刚于2003年在河南开设的专卖店点头名称，主营社会化产品，这是海尔在渠道终端的一次大胆尝试。背景正是苏宁和国美在21世纪初的疯狂扩张，两家公司为来年的上市做着准备。作为商超之后的重要电器零售渠道，苏宁和国美两家公司在相互竞赛的同时，几乎成为电器厂商最重要的出货渠道，由此很可能出现对上游的反制局面。但对于海尔而言，避免反制局面并非最终诉求。

早在1996年10月17日，《远东经济评论》就刊登了一篇关于海尔依靠服务打开市场的报道，而这正是对于海尔在1995年提出"海尔国际星级服务"理念的一次真实反馈。胡泳在《海尔中国造》中写道："经过审慎而严密的论证，海尔决策层决定以服务为中心拉开二次创业的序幕。于是，中国经济发展史上一场规模空前的服务攻势在海尔的推动下全面展开。"这是一次荡气回肠的战略转型，因为在告别商品短缺的时代之后，中国势必迎来服务经济的高潮。20世纪90年代，海尔的标杆是GE，而GE在韦尔奇的带领下，正是将服务业视为公司未来盈利增长点，保持了持续的领先地位。IBM也同样是依靠服务获得了再次振兴的机会。张瑞敏在国内厂商还在竞相卖产品的时候，就预判到了趋势的到来，海尔也成了中国第一家提出从制造型企业向服务型企业转型的大公司。

服务完成的是信誉的增量，张瑞敏把海尔的全部市场行为归纳为一句话，"卖信誉而不是卖产品"。如此，再看海尔搭建销售渠道的市场动机，自然会明白海尔是在做服务的流量入口。在客观效果上，也的确抵御了因为销售渠道的变革而带给海尔的冲击。

服务的主动权必须要掌握在自己手中。就在苏宁和国美攻城掠地的时候，海尔在河南做起了"试验田"，主打"日日顺"的社会化品牌，旨在将其服务能力通过产品的社会化得到持续强化。李华刚则担任商流集团的总经理。

1991年，李华刚从华中科技大学毕业后直接进入了海尔，随后的岁月就是"我把青春献给你"。用他的话来说，"我大概是中国目前存在的最老的家电业务人员"，也是当时海尔厂里学历最高的销售。从供销社系统到国营大商场体系，再到国美苏宁连锁店体系，一直到现在的电商体系以及海尔正在探索的"顺逛"体系，他经历了中国零售渠道变革的所有历史阶段，最深的感悟就是，每一次渠道变革都是为了更接近用户。

13. 海尔电商简史

零售业的本质是物流。2001年,还在流程再造中的海尔提出搭建"一流三网"的物流信息体系。"一流"是以订单信息流为中心,"三网"分别是全球的供应网络、全球的配送网络和计算机管理网络。"三网"同步运行,为订单信息流的增值提供支撑。这套信息系统的目标是实现三个JIT,即JIT采购、JIT配送和JIT分拨物流,以订单信息流为中心,带动物流和资金流的同步运行,逐步实现零库存、零营运资本和与用户零距离的目标。

2007年4月26日,海尔启动了1 000天信息化再造。这其中最具代表意义的便是2008年海尔全球信息化增值系统(HGVS)的上线,完成了核心业务流程的梳理和主要信息系统的重建,标志着SAP中国实施的历史上涉及上线法人最多、流程涵盖最广、业务最为复杂的家电ERP成功上线。

至此,海尔已经完成了内部信息化的改造,也可以说实现了从"企业的信息化"变成了"信息化的企业"。下一步,就是利用已有的信息化优势将"内部驱动"转变为"用户驱动",也就是将终端用户与企业内部资源彻底打通。这无疑又是一次顺应时代的改变,因为互联网时代已经到来。

2012年,李华刚主导的"四网融合"拉开序幕。所谓"四网",指销售网、物流网、服务网和信息网,在海尔内部用"虚网"(信息网)和"实网"(销售网、物流网、服务网)来指代。

销售网就是经销商网。传统的经销模式是把货压给经销商，货卖出去，厂商就胜利，经销商怎么样跟厂商没有关系。销售网就是要打破这层僵硬的上下游关系。首先，要有足够多的网点，以前一个县一个店，老板等客上门。长期如此，店面老板难免膨胀，他们走不出去，产品和服务自然也走不出去。这就要求在乡镇建专卖店，村里面都要建联络站，如此就是一张触角极为深广的网络。

如果不压货，销售网点想要什么厂商就要给什么，这不是一般企业做得到的。传统的企业把货生产出来，先把货压给经销商半年。海尔则要求经销商少量多次地要货，也就是一次可以要很多品种，每种不需要很多台，这就倒逼了整个上游的响应体系。为此，海尔就要从月单到周单转变——以周为单位做订单，这在中国家电界是领先的体系能力。但同时衍生出了送货的问题——物流。以前是客户要货满一车送，不满一车也可以送，但需要凑够一车，因为如果不够一车就送的话，物流商就会亏损。经销商等货是惯有的场景。海尔想到的是，如果更多的经销商要货的话，凑车再走的问题就迎刃而解。班车制物流应运而生，把点对点物流变成班车，车走一路，货卸一路。同时，把送货的司机都换成加盟人员，多拉快跑，跑得越快赚得越多。跑一趟是一趟钱，跑两趟是两趟钱，让司机成为经营送货路线的主人。这种场景下，经销商想等也不能等了，因为物流司机不能等。于是，产品的周转率自然高了起来。

13. 海尔电商简史

张瑞敏曾经提出"有驴车能到的地方,海尔的服务也应该能到",这是对海尔服务能力提出的基本要求。服务网的搭建追求的不是到达率,而是到达速度,要快,要及时响应。李华刚说海尔服务的覆盖能力独步天下。

信息网是把前三张网打通的基础设施。用户需要什么货,经销商那里有什么货,这些信息是彼此隔绝的。一直到今天,国内还有家电企业的经销商是需要拿着钱到仓库去看才知道有什么货。海尔建立了端到端的供应链信息化平台,对订单全流程进行优化,通过实时的信息共享及全流程订单可视,数据分析提前预警,提升生产效率,避免生产损失。研发、营销、供应链三方协同,快速响应用户需求,实现零库存下即需即供。

四张网融合于 E-Store,即面向客户的经营管理私有云,将支持虚网、销售网、物流网、服务网的信息平台打通,实现信息的同步送达以及效率提升。E-Store 是海尔在零售领域的一个新的突破,造就了海尔零售渠道信息化管理新的里程碑,E-Store 带给海尔的是活生生的用户资源,这就是自有渠道的核心竞争力。

在前端,日日顺搭建了海尔商城、日日顺商城两大网上平台,为用户提供交互的平台,把握用户的个性化需求。日日顺商城是互联网时代虚实融合的智慧开放平台,为用户提供包括家电、家具、家居、家饰在内的全流程最佳交互体验,并为用户提供 24 小时限时

117

达、送装同步等最佳服务，用户只要在网上点击下单，即可快速享受到一站式家电家居解决方案的服务。海尔的虚实网融合的优势保障了企业与用户的零距离，不但有效支持海尔产品的营销，还成为国际家电名牌在中国市场的首选渠道。海尔已构筑了全流程用户体验驱动的虚实网融合竞争优势。

这一切都为2015年之后"顺逛"的登场打下了坚实的基础。

海尔触网

就在李华刚着手进行"四网融合"的时候，"80后"的宋宝爱也在零售端蓄势待发。

2002年，从中国海洋大学毕业的宋宝爱来到海尔冰箱事业本部做市场，一直干到2007年。随后，开始接触电商业务。最初的海尔电商还仅仅局限于黑电，包括彩电、电脑、手机，而且页面的功能更多是展示，一旦有用户下单，采用的是线下转单模式。比如北京的用户下了单，就由北京分公司负责。电商部门当时在海尔内部被称为"网单经营体"。2009年和2010年，宋宝爱带着小团队参加北京的一个创业大赛，连续两年拿到一等奖，这个小团队就是海尔电商的初始团队。

2010年是海尔"流程再造1 000天"结束的年份，张瑞敏将其评价为转折点和分水岭。同一年，电商团队归属到周云杰（时任海

13. 海尔电商简史

尔集团高级副总裁，现任海尔集团总裁）管理，宋宝爱被任命为海尔集团电子商务有限公司总经理。2011年，海尔的电商模式延续了专卖店转单模式。在线上和线下流程还没有完全打通的情况下，宋宝爱大胆提出了"24小时限时达"的口号。比如上海某个用户下单买了一台洗衣机，负责售后的人先把地址匹配出来，也就是寻找到距离用户最近的售后网点，然后再由日日顺的大仓库匹配出最近的物流网点，最后再把产品信息同步出来。这个方法虽然笨拙一些，但经过售后、销售和物流的几方协调，兑现了"24小时限时达"的承诺。张瑞敏在集团会上说，敢于对用户承诺就是好事。

2012年1月1日，海尔商城上线，正式切换为自营模式。宋宝爱负责整个交易交付体系和物流体系的搭建，包括天猫、京东的业务。所谓自营，在形式上就是海尔商城可以作为独立法人给用户开发票。在商城刚上线的时候，时任海尔集团总裁杨绵绵三天两头把宋宝爱喊到办公室，用鼠标拽着下拉页，一点点地给宋宝爱看天猫用户的差评。她发现，差评最多的居然是发票问题。这是一个历史遗留问题。因为海尔之前做B2B业务，大额发票到月底开给专卖店客户或者国美、苏宁这样的大卖场。但在电商环境中，用户需要个人发票，即时性要求很高，不可能等厂商集中到月底一起开。另外，发票对用户来说，是维修的保证。那一段时间关于发票的投诉率相当高。

当时有人提出，海尔有自己的物流仓库，为什么不干脆做自营呢？不管是商城，还是天猫、京东、国美、苏宁，都可以统一在一个法人实体下，这个实体就是"海尔集团电子商务有限公司"。

同年，天猫搞起了"双十一"，海尔的目标是1个亿。由于天猫的后台系统负荷过大，出现了短时间瘫痪，1个亿的目标接近完成。但作为海尔自由行电商平台的海尔商城，当时却出现了一些策略上的失误，打乱了海尔品牌的产品价格体系，形成了内部价格竞争。在此期间，海尔商城的后台服务体系也日趋完善，确定了从前端网页到后台订单及库存的ERP，也被称为CBS系统（中心业务系统）。从2012年至今，海尔电商第三方业务处理也被纳入CBS中，即京东、天猫、亚马逊、一号店等电商平台上的海尔专卖店和CBS共用一个后台，统一走日日顺物流。

在最新的战略规划中，海尔商城被海尔集团定位为"顺逛"的PC端，为的是和顺逛的后台形成统一。

有一个值得注意的现象：海尔集团电子商务有限公司的注册是在2000年3月完成的，但海尔试水电商是在2007年前后。这是为何？

结合调研和我本人的思考，我想有如下原因：

第一，战略需求。当时的海尔处于国际化战略阶段。海尔是一个战略落地极为严谨的公司，1999年在美国建厂，标志着海尔国际化走出了坚实的一步。在张瑞敏"创牌"的理念之下，海尔必须要用一定的时间把国际化路径走扎实。

第二，组织再造的优先级。众所周知，海尔从20世纪90年代末到本世纪的前十年，经历了史诗般的再造工程。规模之大和范围之广，前无古人。而再造的成功也打破了传统公司无法向信息化公司转型的诅咒，这得益于张瑞敏的决心和对组织理解度的深刻。没有再造，就不会有"人单合一"以及日后海尔的一切。

第三，对零售业本质的把握。前文所述，零售业的本质是物流，而物流的成功是虚实结合的成功。虚实结合的背后是配送体系、售后体系、生产体系和信息流的集大成。和新兴电商不同，海尔选择的是先做后端再做前端的顺序，这又和海尔的资源禀赋有关。也正因如此，海尔不管在哪个时代，都能构建自己强大的渠道核心能力。

越过流量找社群

顺逛APP是在2015年9月上线的，团队很快就发现它并不能解决低转化和低复购的问题，在现任顺逛首席技术官李长安看来这次探索并不算成功。但张瑞敏提出的"创客"理念，又让他们找到了新的思路，用做社群的方法解决转化率和复购率的问题。

这一年在宋宝爱眼里是转折的一年：7月24日，周云杰找宋宝爱谈话，让他在海尔现有的电商体系之外单独开辟第二战场，在不动现有电商团队的前提下，从零开始。而当时，除了海尔商城、日日顺商城之外，海尔集团两家上市公司旗下也分别有自己的微商品牌"大赢家"和"创客"。事实上，2012年至2015年是海尔电商的发展期，无论是和天猫、京东的合作，还是自营体系的搭建，都渐入佳境，线上和线下店的布局已然完成。至于宋宝爱要做的这个新产品叫啥名字，大家都还没想好，甚至思路还不是很清晰。但大家都看到了社群经济的未来，决定往那个方向走起来再说。海尔集团同时还做出了一个重要决定，把香港上市公司的海尔业务全部划拨到A股上市公司，包括海尔商城，这为日后快速整合资源奠定了管理基础。

顺逛上线一年之后，也就是2016年8月，李华刚提出做平台整合，顺逛不再作为单一渠道。在这个思路之上，宋宝爱提出"三商合一"的构想，即电商、店商和微商合一。后来，张瑞敏将"商"改为"店"，一下子就突出了零售的体验特质。自此，"三店合一"模式诞生了，顺逛也从一个APP的名称发展为指代整个"三店合一"的超级零售模式。

三鹿奶粉事件之后，中国奶粉行业备受舆论质疑，以至于在随后的几年里，托人从海外代购奶粉成为潮流。同是石家庄奶粉生产企业的君乐宝自然也遭遇了困境。人们对国产奶粉的信心一度跌入谷底，要重塑消费者信任，对品质的要求只是"好"、与洋品牌只是

13. 海尔电商简史

"相当"是不够的,只能以更高的标准,付出更多的努力。为此,君乐宝在工厂设计之初便开展多次海外调研,最终选择德国基伊埃集团(GEA Group)这一世界领先的工艺技术和设备供应商,按照全球乳粉厂最高标准,同时参照德国相关标准,对工厂进行整线工艺设计和全线设备制造。2016年,君乐宝进入香港市场,通过最严苛的产品检验关,并且宣布陆港同价。

虽然进入了香港市场,但不代表国产奶粉重新赢得了大陆用户的信任。如何赢得信任,这就是"顺逛"需要帮助君乐宝解决的问题。

张瑞敏对"后电商时代"的定义是,以社群经济为核心的价值交互。这既是消费升级的需求,也是物联网时代的需求。但很多人都存在一个误区,社群等于社交吗?在传统电商平台之外,也曾有社交电商的出现,有的也被称为内容电商。但是因为仅仅局限在产品营销端,不具备对产业链整合的能力,用户体验层次较浅,竞争壁垒不够坚实。顺逛另辟蹊径,直接构建了一个全新的社群交互生态平台,利用开放的社交优势消除线上线下购物的壁垒,并且率先实现C2M模式,即用户到工厂的引流模式,满足用户对个性化产品定制的需求。

顺逛不是一个单纯的交易平台,而是将线上店(海尔商城)、3万个线下店(海尔专卖店)、89万个微店同时作为购物入口的社群新生态。事实上，顺逛不仅打通了海尔的线上店、线下店和微店，还打通了内部所有并联节点，并且与海尔互联工厂连接，实现了"前店后厂"的全生态供需闭环。

宋宝爱说："传统电商通过微博这样的社交平台导流不利，豆瓣、陌陌和手机QQ等社交平台为电商导流也没有实际效果，并不是因为社交电商没有前景，而是社交平台的优质流量太少。以豆瓣和陌陌来说，这两大社交平台聚焦了很多兴趣爱好相同的用户，但这些用户的消费习惯并不一定类似，为电商平台引入的流量更多的是无效流量。"

社交平台用户的兴趣与商品严重不匹配，这是导致社交电商失败的主要原因之一。再看顺逛的用户群体，每一位微店主都是家电产品的关注者，甚至很多微店主就是海尔家电的用户，而微店主又会主动和社区业主、装修群体建立联系。高度一致的关注点，发起的话题自然能够引发共鸣，这也是顺逛社群经济的核心竞争力。数据显示，顺逛平均转化率能达到8%，高于传统电商2%～3%的转化率；顺逛复购率为46.67%，也远高于传统电商的平均值。

社群交互能力是君乐宝对顺逛最看重的一点。"顺逛上我们有自己的社群，就是不仅仅依赖微信上面分享。像我们发的早晚安、每日任务，都是从顺逛社区里面发出去的。我们也有顺逛明星推荐，有好的微店主的故事。天堂伞这个品牌，连续19年在中国排第一，主动来到了顺逛平台，包括还有茅台集团的酒产品等。"宋宝爱认为，社群对于品牌商的作用就是形成高信任度。用户通过做"内容分享"，来提升品牌在用户圈子内的知名度。

第一，顺逛帮助君乐宝解决了内容问题，在传统电商平台，平台商不会在内容制作上耗费过多精力，因为价格才是它们到达用户的触角；第二，解决君乐宝品牌形象问题。通过顺逛直播的方式，让用户看到君乐宝的牧场、挤奶车间、制奶车间，以及整个生产流程，这些都是靠明星代言做不到的；第三，这些内容经过顺逛提炼后由社群分发到各个宝妈群中，日积月累，效果自然呈现。

2017年12月20号，君乐宝在顺逛上架了8款型号的产品，做了两场直播，观众量累计1 200多万人次，总共卖出了11 000多件产品。而对于君乐宝来说，没有任何广告投放费用，还在宝妈群中赢得了口碑。在进一步的合作中，君乐宝会针对顺逛做定制产品。这次跨界合作，对于顺逛的意义重大：提升了团队的社会化合作能力，获得了资源方口碑。

宋宝爱说："君乐宝要出新产品的时候，我们真的也像做海尔的产品一样先通过顺逛平台上的君乐宝用户社群研究用户痛点和需求，然后再用海尔的产品研发方法帮助君乐宝做新产品开发，最后通过顺逛平台的三店合一模式做君乐宝的新品首发，并持续交互迭代。"

君乐宝是顺逛社会化的一个开始。2017年9月，张瑞敏在会上指出，顺逛要做社会化，成为一个真正开放的物联网时代社群生态平台。为此，顺逛团队里专门成立了社会化团队。目前，"海尔品牌"只是顺逛平台中的一个家电品牌，在"家用电器频道"里面。其他频道还有"居家定制""众创定制""百货超市""生活服务""金融理财"等，要么是完全社会化的产品或者服务，要么是海尔其他平台并联过来的的产品或者服务。

顺逛平台吸引社会化品牌商的地方在于和传统电商平台的差异化，体现在顺逛通过做海尔产品而输出的六大能力——社群建设能力、产品迭代能力、三店合一能力、客户管理能力、品牌提升能力、用户口碑能力，从而吸引社会化品牌蜂拥而至。从 2017 年 9 月开始短短 7 个月时间，已经吸引了 335 个品牌、1 862 个 SKU（总计引入 2 453 个 SKU，淘汰掉 591 个 SKU）。顺逛平台上的社会化 SKU 已经远远超过了海尔产品 SKU（1 100 个 SKU），这意味着顺逛平台开始具有了生态雏形。

张瑞敏在集团会上说："大家要忘掉海尔，才能成为生态。"顺逛平台已经走在了开放社群生态平台的路上，一定会成为物联网时代引领的社群经济生态品牌。

云店如织成触点

在青岛"美得你"家装卖场的入门处，有一个海尔的云店。这家店的老板是海尔的忠实经销商，目前已经有几家专卖店，年营业额过亿。之所以选择在这里开店，是因为家装卖场是一个很好的用户流量入口，获客成本低，用户需求清晰。这家云店依托于卖场，为用户提供整套家装方案，同时把海尔的产品设计进去，包括尺寸、色型搭配。这种交互形式，是在苏宁、国美这些传统卖场体验不到的。

这样的云店有大有小，大的几百平米，小的只有几平米，根据地方大小，展示的产品不同。比如在家装卖场的会是一个家居场景，让用户看到各种组合的可能性。用户再配合着智慧云店屏（简称"云屏"），进行选择。一般的家装设计师给用户推荐成套设计之后，家电基本上不会再更换其他的品牌，因为产品要嵌入到家装中。

但是，在乡镇村一级的单位的体验店或者社区店，比如有的村子只有2 000人，那就可以只展示一个产品再加一块云屏。这种情况下，用户就更多依赖云屏进行体验和购买。这对于加盟者来说，也是轻资产运营。加盟者中有的是以前在村头修家电的，有的是卖手机的，只要跟家电行业有关即可。每一个县都有一个海尔的代理商，再由代理商去发展更多的加盟店。

海尔的线下专卖店分为两种。一种是由传统专卖店转型升级成的海尔家居集成体验店，这对店面面积要求较高，需要给用户一个全生活场景的体验。另一种就是云店。云店的理念是"无孔不入"，有人群聚集的地方，就要有海尔的云店。"一个人＋一块屏＋一台机器样本"就是云店的基本模式，其中云屏起到了连接用户和线上线下资源的作用。

云店同时还在顺逛 APP 开有微店，因为实体店有营业时间的限制。在营业时间之外，用户就可以在微店上浏览下单。同时自己还可以成为微店主，拿取佣金，从而实现从线上到线下 24 小时无缝切换体验模式。

每一个专卖店都可以发展顺逛微店主，相当于发展了销售员。店主可以在系统里看到自己的库存，发货和服务都由专卖店负责。目前，海尔在全国有 19.7 万块云屏、3 万家专卖店。这就意味着，海尔的零售网络已经具备了相当发达的触角。

李华刚在负责了几年海尔的社会化业务之后，2015 年回到总部负责整个国内的营销体系，他称之为"零售转型"，即把精力从经销商转移到终端用户身上。"我们经营的不再是经销商的回款，而是经营质量。你有多少用户决定了你有多少收入。"李华刚认为，有用户就是要有社群，有强大的品牌黏性。

首先调整产品，对用户不允许使用降价手段，对经销商不允许放政策，要做到"开源节流调结构"。开源就是提高单个用户、单个门店的产出；节流就是不打价格战；调结构就是调整销售结构、渠道结构、内部的核算结构、费用的投入结构，高举高打做品牌形象。

13. 海尔电商简史

这就要求从店面的摆设开始调整、从销售的状态开始调整。甚至有一段时间，李华刚对销售员说："你们谁能讲得比我好，我就奖励谁。"他相信，对用户诠释产品的过程就是给自己增加自信的过程，"产品这么好，我们凭什么没自信！"

另外，网点要变成触点。网点是死的，是立在那里的门店。触点是活的，是可以跟着用户的需求走的，哪里有用户哪里就有触点，所谓"一生二、二生三"。触点的前端是云屏，一个简单的互联网电视机，后端是一个庞大的信息系统，从仓储到物流，可以根据触点的位置进行及时配送，而且云店主还能自己做主，根据本区域的用户偏好，决定上架什么产品、撤掉什么产品。

19万家云店，对于传统零售商而言的极重资产，海尔只用了一块电视机屏幕和一张网络就解决掉了。除了成本优势，触点的最大威力在于可以轻易实现非线性的指数级增长。山东高密以前有23家专卖店，现在有700家云店，这种扩展速度堪称"恐怖"。截止到2018年5月初，海尔的国内销售增长率连续19个月保持20%左右，这在海尔34年发展史上，尚属首次。

"触点模式"的超级零售体系还在持续完善中，尤其是作为后台的支持系统，随着用户量的激增，业务转型的加快，老的系统需要重构以加快响应速度。技术层面的重构工作，计划在2018年9月20日完成，在李华刚看来，这也是"三店合一"进入成熟期的标志。

总　　结

何谓"触点模式"下的超级零售体系？我试着总结如下：一种从用户到用户的体验式零售模式。这种零售模式的特征是基于用户线上线下无缝隙体验的自我生长，这是其所以成为"超级"的秘密。一旦用户处于适当市场激励和超强体验的平台环境中，就会自动完成换边动作，即从用户变成创业者。这样，平台规模会无限扩大，指数效应会出现核能量级释放，而边际成本的优势会越来越突出。

"用户"即触点，触点的激活主观上依赖于海尔用长达十几年的时间搭建起来的端对端的服务能力，客观上则依赖于社群经济时代的到来。前者解决的是零售的本质问题，后者解决的是零售的信任问题。而这两个问题正是以价格交互为主和用冰冷的数据揣摩用户偏好的传统电商一直没有解决的。

可见，零售没有新旧，只有解决问题的方法与时俱进。后电商时代中，规模经济的主语从产品变成了用户，而诚信则成为企业全新的核心竞争力。

14. 人单合一的高度

"人单合一"前世

"搞企业的最大问题,就是如何使每个细胞是活的。企业就像狮子一样,成长的时候,它的每一个细胞都是活的,非常威猛,到了一定年龄,身体的细胞就都老化了。评估企业不是看它外表多么大,关键是看它的细胞有没有活力。"张瑞敏大概是在2000年初说出这番话的,彼时海尔正处于流程再造中两个五年计划的接驳期,即从组织的再造到人的再造。胡泳教授认为张瑞敏在这期间的思路"由企业运行的天理进入了社区构筑的人欲。张瑞敏的理念是从机械论

（螺丝钉）转向有机论（细胞）"。

海尔流程再造的第二个五年始于2004年，在此之前主要解决的是信息化技术的问题。2002年做全面ERP，实现了"人码""物码""订单码"的三码合一，为的就是让员工直接面对市场同成果挂钩。为此，海尔还创造性地把企业财务报表变成了每个员工的"资源存折"，用以表征员工个性化收入：收入＝劳动力价格－损失＋增值提成。结果是，每个员工都变成盈亏单位，当时海尔内部叫微型公司（Mini Mini Company，MMC）。

2005年的海尔全球经理人大会上，张瑞敏首次提出了海尔全球化竞争模式"人单合一"。"人"是员工，是有主动创造能力的市场主体；"单"是订单，是有竞争力的市场目标。很多人错误地理解"单"是每个人能卖出多少货。"单"在海尔的管理理念中，代表员工作为主体对自身在市场中的高追求。有了高目标之后，公司会利用管理工具帮助你分解分步骤完成。因此，理解"人单合一"时要把"人"与"单"放在一起考虑，有了市场目标的员工才是海尔需要的员工。

这并不同于"不想当将军的士兵不是好士兵"，员工追求的是市场目标，而非组织内的晋升。为了打破传统的层次思维，张瑞敏干脆进行了两次大的组织变革，即"倒三角"和"网状平台"。在"倒三角"阶段，张瑞敏告诉员工，谁离市场近谁就有话语权；"网状平台"更进一步，张瑞敏提出了"节点论"，每个主体都应该是市场中的节点，主体包括人和组织。这样一来，张瑞敏就彻底颠覆了传统的层级组织模型，海尔从制造型公司蜕变成平台服务型公司，员工的身份也发生了改变，变成了主动去追求市场目标的创客，创客们组合在一起的经济体叫作小微（Microcompany）。

"人单合一"不同于任何一个管理理念的地方在于，这是一个完全以"人"为主体的概念，并且直接聚焦在"员工"。如果回顾商业史，会发现这不仅是竞争的要求，更是时代的诉求。

当今管理的主要矛盾

20世纪70年代，诺贝尔经济学奖获得者米尔顿·弗里德曼在美国主流媒体上发表了《企业的社会责任就是赚取利润》一文。这篇写在冷战时期的雄文将企业对社会应当承担的责任视为社会主义行为，是对自由市场的破坏。这个观点基本沿袭了马基雅维利的思考，即宗教负责教化社会，企业负责挣钱养活社会。但在现代管理出现之后，股东和企业实际操盘人的身份出现了分离，操盘者要直接为股东负责。股东要的是收益，所以为利润负责就成了"股东第一"背后的逻辑。

在后来的30年间，美国代表的自由市场经济遭遇了华尔街危机，股东和高级职业经理人赚得盆满钵满，股民和公司却遭受了重创。出于反思，美国媒体邀请了全食公司创始人约翰·麦基出面，就当年弗里德曼的观点进行反驳。麦基旋即写了一篇名为《顾客第一》的文章。

1978年，25岁的麦基看到了工业化进程中的食品安全问题，在奥斯汀大学城创立了第一家门店，并在日后逐步建立了一个在全美拥有两百多家门店的有机食品线下零售网络。不过，全食公司真正被管理学界所关注，是因为其独特的员工治理模式。麦基鼓励员工使用手中的自治权，由员工来决定库存和货架摆放，因为他相信员工是最了解顾客的。比如，加州Santa Rosa的全食食品超市就主动适应顾客，在超市里摆放了可以让买酒的顾客在店面里喝酒的装置。结果，这个店面的红酒销量急速攀升。

全食公司的管理模式一度被认为是面向未来的模式，但即使这样，麦基依然喊出的是"顾客第一"的口号。年迈的弗里德曼马上予以回应，写了一篇《还慈善事业一个清白》。他认为麦基和自己的分歧只是在修辞上，利润是目的还是手段，不过是立场不同，基于个人的立场和基于社会的立场理应有所差异。弗里德曼是亚当·斯密忠实的信徒，他一直在想象一个自由协作，用"利己"解决"利他"问题的完全自由市场经济。

不甘示弱的麦基再次回击，写了一篇《利润是手段不是目的》。他说："弗里德曼把顾客至上、善待员工和企业善事都视为赚取利润的手段，我的看法则恰恰相反。我认为赚取利润才是手段。"至于弗里德曼批评他的,慈善无法像经营那样做到财尽其用,也没关系,公司只要做了善事就好。

至此,辩论告一段落。除去"意识形态"的背景,企业对外部环境的善举被看成了战略和市场营销的问题,就像麦基说的"我认为即使企业所做的善事没有给公司增加利润和为公司带来公关效应,也是值得的",可见当时的主流思潮是,不能给公司增加利润和公关效应的慈善就是"耍流氓"。这依旧是一个两分法的思维结构,责任在经营的体外存在。

今天回过头来看这场争论,多少有些觉得不可思议,但这就是发生在工业时代的必然。无论是"股东第一"还是"顾客第一",都有其符合时代的合理性的一面。在工业时代的原子状态中,公司的组织形式和价值链条相对封闭,无法直接连接顾客,企业在求生欲的驱动下是无暇顾及内外部利益的平衡的,做出"股东"或者"顾客"的二选一是必然。这就是我们常说的"零和博弈"。

其实,弗里德曼和麦基的争论是限定在代理资本主义模式(也被称为"盎格鲁-撒克逊模式")中。这种英美主导的市场经济模式信仰高度的自由,推崇股东利益优先原则。因此,从工业时代至今,股东的意志力始终强大,以至于哈佛商学院的林恩·潘恩教授撰文指出:"现在是时候质疑公司代理模型了,该模型推崇股东价值最大化的理念,从而使公司及其领导者不能专注于他们本该专注的创新、战略更新和对未来的投资。……如果公司领导者总面临不担负责任的所有者随时可能发起的袭击,他们就没有多少选择,只能专注眼前的利益。"对于潘恩教授的这个观点,近期发生的美团收购摩拜单车案便是最好的注解。

在资本主义经济内部,并非只存在信奉完全市场的"盎格鲁-撒克逊模式",与之相对,莱茵河流经的西欧国家倡导的是"莱茵模式"。这种模式追求公司共治,在经济利益和社会责任之间寻求平衡,但容易因迎合"民意"而透支财政、推高福利,并导致市场创新能力不足。从欧洲债务危机中可见一斑。

创新因为往往带有英雄主义色彩,且是一个不断快速组合、迭代的过程,在进入信息时代之后,"莱茵模式"整体落后于"盎格鲁-撒克逊模式",以美国硅谷为代表的创新公司几乎独占了资本市场的风头。

即使如此,硅谷以及传统英美巨头公司已经或者正在面临共同的悖论——创业公司长大之后,成了自己曾经反对的模样。那些单枪匹马跳落巨头的英雄慢慢坐上了领导者的宝座,他们的办公桌从车库搬到了写字楼里,他们开始通过下属感知市场,而下属则通过揣摩上级的心思小心翼翼地在"金字塔"中寻找自己的位置。

没人在乎市场在想什么,因为他们的切身利益并不在市场中,是为大企业病。如何调动员工的积极性,就成了新的管理课题。于是,有人希望在"莱茵模式"中寻找药方。前几年来自德国的"全体共治"一度被认为是解决方案,但离开了莱茵河的滋养,也是很难走向

14. 人单合一的高度

全球。问题的关键在于,"共治"的范围囿于组织内部,员工和员工的交互依然没能打破组织的藩篱,让员工和市场目标自行合一。

互联网时代,全球化资源配置、技术扩散的速度出现了前所未有的加快,知识型的社会分工进入极度专业化阶段,每个人都可以找到自己的市场目标,以往任何一种公司治理模式都遇到了"封闭还是开放"的诘问。换句话说,越来越开放的组织环境和始终如一的封闭组织结构成为目前全球性的公司管理矛盾,我称之为当今"管理的主要矛盾"。同时,公司经济体的"领土"意识和公司经济体之间的相互依赖关系,构成了一种结构型矛盾。这种矛盾仅靠短期的主体间战略合作是无法彻底解决的。无论是"管理的主要矛盾"还是公司主体间的结构型矛盾,都在随着网络化日益深入社会发展,被逐渐放大。

解决矛盾,需要追本溯源。科斯天花板(Coasean ceiling)和科斯地板(Coasean floor)是后人发明的新概念。科斯理论的适用区间在于天花板和地板之间,这就是说当企业规模大到一定程度,管理成本会消解应得利润。可一旦在市场中出现了一种可以让个体间交易成本降低的技术,公司的存在形式就显得不那么重要了,这种情形就发生在科斯理论的地板底下(lying under a Coasean floor)。有些事对机构没有价值,对小范围内群体有价值,但又不值得为此做一个公司,这便是藏在科斯地板下的现实。能让这种潜在现实浮出水面的,是网络技术的发展。

既然科斯遭遇了时代的挑战，公司的未来又会如何？有人提出了公司未来的三种走向：一是大公司割据，产业集中，几大资本巨头拥有超级力量；二是大公司被边缘化，小公司成为主角；三是具有网络效应的公司联盟取代大公司。[1]

目前来看，几种公司模式都有相当部分的拥趸者，但是并没有解决时代的问题。时代的问题是什么？当由大规模制造转向以平台为核心的双边市场后，社群经济成为时代核心，企业需要根据每个人的需求提供全流程场景服务。张瑞敏将物联网时代定义为，情景感知的个性化体验迭代，并最终演化出终身用户。而海尔要做的就是催生出物联网范式的商业模式，以此来取代传统模式。

在万物互联的时代，用户和公司处于同一神经系统，用户的大脑就是公司的大脑。公司的大脑又在哪里呢？

公司的大脑绝不可能再是那个只会坐在办公室里发号施令的CEO，而是分布在每一个员工那里。在物联网时代，解决"管理的主要矛盾"的方法只有一个：通过分布式组织结构（也就是网状结构）无限扩充组织的脑容量，让市场的意识进入员工的意识中。"全流程"在这里不是"串联流程"，而是"并联流程"，并联的主体是员工。

理解"人单合一"就要从"员工"开始。

---

[1] 约翰·米克勒维斯特，阿德里安·伍尔德里奇. 公司的历史[M]. 夏荷立，译. 合肥：安徽人民出版社.

14. 人单合一的高度

张力法则

当张瑞敏在 2005 年提出"人单合一"是海尔全球竞争商业模式的时候，就能看到其对于正在发生的未来已经有了深刻的洞见，这洞见不囿于组织内部的变革，更是看到了网络时代中全球性商业竞争的本质——**竞争力之源是创新的速度。**个人的速度永远快于公司的速度，有竞争力的公司一定是可以把每个人的速度汇聚成自己加速度的经济体。在层级组织中，个人速度的天花板就是上级，只有在网络化平台中，个人动能和势能才可以被无限释放。公司要转型成为平台，员工就要转变成创客。

20 世纪 90 年代，张瑞敏第一次到哈佛商学院讲课时，私底下跟潘恩教授表达了一个观点，"员工第一"。这在当时的商界主流观点来看，实属离经叛道。之后的 20 多年间，张瑞敏就基本上将离经叛道进行到底了。一直到 2018 年 3 月，他在哈佛商学院做公开演讲，喊话美国商界：只有做到"员工第一"，才能根治大企业病，千万不要让组织成为个人自由的坟墓。第二天，潘恩教授拿着自己发表在《哈佛商业评论》上的文章《公司领导层的根本性错误》，再次和张瑞敏探讨了"员工第一"的命题。他们在这个命题上有着共识，区别在于潘恩在资本主义内部找不到打开未来之门的钥匙，她只能把论域限制在领导力层面。

第三天，张瑞敏专程去哈佛大学拜访了诺贝尔奖经济学奖获得者奥利弗·哈特。这位不完全契约理论研究者的论域似乎和张瑞敏也有不同，哈特集中研究的是股东契约，张瑞敏在海尔实践的范围更广，员工是他的变革理论的核心内容。

潘恩和哈特的论域限制从侧面反映了西方管理学界的两难境地，也许这个两难有主动的因素，也有被动的因素，但可以看出，他们和张瑞敏的分野明显。无论是张瑞敏前几年提出的"每个人都是自己的CEO"，还是当今的"创客所有制"，立足点都是唤醒员工对自己的认识。认识自己的方法就是为自己树立一个高质量的市场目标，努力到达。

企业即人，人即"员工"。**在这个理念指导之下的公司，就变成了以资本（动态的资本关系）为纽带、以共同战略为目标的自由共同体。**

在西方的几种公司模式中，潘恩教授试图找到海尔的对应体，但是张瑞敏说并不存在。海尔做的是一个创业平台，提供资金和服务，不追求控股模式。

"人单合一"的提出，既是时代的要求，又是竞争的要求。从互联网到物联网的社会进化中，组织结构不但被再造，原来封闭的价值链也得以打开，用户和组织可以实现实时连接，这是"员工"和"用户"实现"鱼水不二"的技术前提。"莱茵模式"下的"全体共治"无法解决"共创共赢"的问题，而"共创共赢"恰恰是物联网时代的充分条件。

"共创共赢"也不再仅仅表述公司和用户之间的关系,更是面向全体利益相关方而言。**公司作为保障各个利益相关方的平台,既要保持吸引资源的向心力,又要有让各方主体保持独立灵活的离心力,我称之为企业在物联网时代的"张力法则"。**

"张力法则"之下,从前的同品类竞争、供应链博弈、区域性挤压都会因为主体视角转变为节点视角后,产生全新的资源布局。"世界就是我的研发部""世界就是我的人力资源部""电器变网器",心中无敌,方是无敌。由此,我们可以清晰看到,物联网时代的竞争关系发生了天翻地覆的变化,从前是"竞合",现在就是"共创",如此才能做到"共赢"。

如果说越来越开放的组织环境和始终如一的封闭组织结构之间形成的管理的主要矛盾是时代矛盾的话,公司经济体的"领土"意识和公司经济体之间的相互依赖关系所构成的结构型矛盾就是竞争矛盾。"人单合一"恰恰同时解决的就是时代矛盾和竞争矛盾。

自以为非

张瑞敏在十几年前提出,实现"人单合一"有三个要求,即观念创新、流程创新、企业文化。十几年过去了,"人单合一"的模式日渐成熟,并落地开花,我们如果在今天尝试总结的话,"人单合一"的精髓就是"自以为非"的文化。

张瑞敏从砸冰箱那一刻起，就是在砸碎旧观念，建立新观念。文化对于个人而言是观念，是行为模式，对于公司而言就是对自身和时代关系的认知。"日日是新日，日日是好日"，这两句禅宗中的机锋正反映了中国文化中带有强烈自省求变的意愿。

几乎所有的公司都把"创新"作为自己文化的第一个关键词，或刷在墙面上，或印成横幅挂在楼宇间，但真正创新者寥寥。究其根本，在于企业领导者没有看到"创新"是果，因在自身。凡"新"必有"旧"，当你拥有那一刻，也便是陈旧的一刻。对于用户需求实时在线的今天而言，新旧之别仅在毫秒之间。本来无一物，也是不再被任何所谓成就束缚，这便是面向创新的混沌初开。

与其说"自以为非"是在否定自己，不如说是在认识自己。创业34年的海尔，之所以能成为中国屈指可数的持续进行管理创新的公司，就在于它有着自以为非的文化和一直在认识自己的使命感。

我们说海尔是一家极其特殊的公司，特殊之处就在于它的进化既不是管理驱动，也不是战略驱动，更不是产品驱动，而是文化驱动。"自以为非"既不独属于西方理性主义的产物，也不独属于东方悠久传统，而是随着时代之河的流淌，在实践中不断认识自己后形成的价值观，如胡泳教授所言，"人间正道，自然得之"。

这也是海尔在大规模定制时代、互联网时代和物联网时代都始

14. 人单合一的高度

终站在潮头的奥秘。

对于想向海尔学习的转型中的公司而言,需要看到文化是道,机制是德。文化往往是最先和外部环境发生化学反应的内容,也是最先在员工个体身上体现出来的。在做公司横向对比的时候,我们会发现,当海尔在方法论上领先的时候,其变革文化已经进入了相对成熟期。这就是一家公司难以被复制的地方。

事实上,在公司模式上,除了"盎格鲁-撒克逊模式"和"莱茵模式"之外,人们普遍认为还存在一种东亚模式。但在近20年的两次金融危机之后,以出口导向为主的东亚模式早已支离破碎,韩国和日本大公司的迅速跌落便是最好佐证。中国公司在改革开放40年的过程中,也一直在摸索自身的发展模式,但也无外乎"技工贸"(或者"贸工技")和现在被资本驱使的互联网公司的跑马圈地,尚难说有一个成型的、可以在参与全球竞争的同时对外输出整体价值体系和管理工具的模式。

"人单合一"正在肩负起这样的使命,好消息是海尔在用"人单合一"整合GEA之后,效果显著,也引起了西方管理界的普遍关注。"人单合一"还需要被更广泛地输出,在更多的外部公司转型中取得效果。"人单合一"已经取得了相当的高度,这个高度足以撼动经典的"盎格鲁-撒克逊模式"和"莱茵模式"。但我相信,还会有更高的高度出现,那就是引领整个物联网时代的商业模式。

一切过往，皆为序曲

下 篇

从泰勒到张瑞敏

不自见，故明；不自是，故"张"

15. 致管理者

在组织转型的时候,你们有没有遇到这样一种情况:把组织边界打开了,引入了很多跨界高手,包括教授、咨询顾问、评论家、艺术家,却并不能取得预期的效果。最后,组织边界就像一个旋转门,人们在门里绕了一圈,又转了出去。

组织之所以需要转型,是为了避免失败。失败的现象往往是在产品和市场层面,但是本质却是人对时代的不适应性。这种不适应并非天然,即人天生就懒惰,天生就不愿意变化,而是让人变化的结构出了问题。

结构就是我们常说的高耸的官僚体制。伦敦商学院的伯金肖教授有一个很形象的说法,这种结构一旦运行起来,"就像有了生命一般"。这就好比可以进行自我学习的一行行代码,一旦最初的指令设置好,它就会像野草一样不断生长蔓延。

官僚组织是一个天然的赋权体系,而非赋能体系。它的存在就是管理者权力合法性的证据。权力可以带给人最大的幻觉莫过于"救世主"心态。我们习惯于对企业家进行赞美,但并不意味着对至高无上的权力进行赞美。企业家对各种要素进行创新性整合,依靠的并非权力,而是意志、人格和眼界。

科斯虽然对企业是什么以及为什么存在做了相对缜密的研究,而且我们也可以认为管理组织是满足他假设的最好工具,起码在大工业时代。但一定要相信,一旦技术对时代进行了改变,就意味着当下最有效的组织方式很可能会成为时代的敌人。

用计划的手段,其实就是用权力对生产要素进行调度,但科斯式的权力是基于成本的角度,也就是市场始终在管理者的视野之内。可一旦组织规模扩大之后,权力就会异化,它从工具变成了目的。当管理者的视野之内只有权力的时候,我们就说,这个组织已经岌岌可危了。

拥有权力的管理者往往把自己放在创世主的立场,他们用经验来判断市场、用行政手段安排人事激励。这还不够,他们内心的充

15. 致管理者

盈还需要外部的权力来给予,比如第三方机构,比如某行业权威,比如被大众膜拜的偶像。

张瑞敏在例会上有过一句话让我印象深刻:"管理者不要把自己当成救世主。"恐怕这是张瑞敏对管理意识形态做出的又一次重大挑战。管理者不能把员工、资产看成自己的囊中之物,事实上,管理者一无所有。他们只有卸下了权力的包袱,才能完全成为一个依赖于市场动态的人。

有很多管理者有江湖情义,他们认为对员工负责就是对兄弟负责。这是转型的另一大障碍。管理者只需要对市场负责,没有静态的市场,就一定不会有静态的组织人际关系。当"动态"成为常态的时候,权力就会随之被消解掉。

伯金肖提出过"无固定结构的管理模式"的主张,其灵感来自美军特种部队。这种灵活的小规模作战模式并不应该仅仅成为"臭鼬工厂"的延伸,即一个庞杂组织中的特立独行者,而是要把整个组织变成特种部队的平台。

特种部队里,没人拥有绝对的权力,只有永恒的目标。

1993年,从美国空军退役后,担任软件工程师的萨瑟兰读到了野中郁次郎和竹内弘高合写的一篇介绍制造业新的产品开发模式——"并列争球"(SCRUM)的文章。并列争球是英式橄榄球中规模最大的争球方法。双方各出八人排成三排(3—3—2),球从双方的中间投入，双方以类似"顶牛"的方式争球。橄榄球的规则要求，球不能从对方后面被抢走，进攻时就要想尽办法让对方后退，或者把球往前传。所以，目标很简单，就是快速向前再向前。

软件开发就好像产品开发一样，无法一开始就能定义软件产品最终的规程，过程中需要研发、创意、尝试错误。而短时间的迭代，不断的改善和反馈，并且相互合作，说明"并列争球"是一种简单而轻量级的流程。

萨瑟兰受到了启发，和另两位伙伴将这种开发模式引入软件开发中，定义为敏捷开发。如今，在互联网推动下，敏捷开发已经成为软件开发的主流模式。

在管理中，敏捷开发引导产生了"分形组织"，这也是野中郁次郎最近在研究的课题，和海尔实践的"小微"极为类似。而分形组织的对立面就是层级架构，敏捷开发的精髓是做事的人决定怎么做。

有的管理者强调自己把权力让渡给一线员工，但这涉及"无"和"有"的关系，总会有人有权，总会有人无权。在层级组织内，权力即《金刚经》中说的"烦恼"。"无住相"和"断灭相"皆是烦恼。

因此，组织就要像一张网，用"节点"替代"中心"，节点的使命是赋能并连接其他节点，而节点的动态化导致组织也会处于不断变化中。

在新的组织之内，权力并非灰飞烟灭了，它随着信息流的方向

15. 致管理者

重新回到了用户手中,而用户行使权力的路径则是在特定的场景体验中对组织效率进行评价。

未来的商业离不开场景,所谓场景重要的在于"场"。"场"是无形且能量巨大的多维度空间,它可以赋予处于场中的所有物质以特有的场属性。

16. 29 条军规

很多人都知道张瑞敏喜欢谈管理,却并不知道他也有一套完整的产品哲学。张瑞敏的产品哲学是从"砸冰箱"时代奠定的,从那时起他就把"产品"和"人"紧密地结合在一起。可以说,在后来 30 多年海尔发展的过程中,张瑞敏为海尔创建的管理范式就是在解决"产品"与"人"的交融问题。

管理是基础,产品是现象。这是当前大多数热衷用"情怀"做产品的创业者们没有想过的。为什么我的产品情怀满满,却依然无法得到用户的认可,依然没能成为用户趋之若鹜的东西?如果不解决"人"在产品中的定位,这就很可能成为永恒之问。

"人"包括两方面,用户和员工。所谓用管理解决产品的问题,就是如何用组织的方式让员工感知用户需求。所以,"产品—员工—体验"就构成了一个产品哲学的内在逻辑。

对于这个逻辑,张瑞敏是这么阐释的:"产品必须要成为用户的首选。要想做到这一点,员工就要成为创业者,只有创业者才会真的敢于和用户零距离交互。交互的目的是为了获取用户体验,只有体验才能推动产品不断迭代。只有让用户看到你的迭代,产品才能成为他们的首选。这是一个逻辑闭环。"

我听过张瑞敏说过的最有意思的一句话是:"如果你的产品上市后不能让自己脸红,就说明你的产品推出得晚了。"恐怕这是对倍速市场最好的理解了。

下面是我们精选出来的张瑞敏对产品的见解。仔细看,你一定能看出其内在的逻辑关联。

1. 有缺陷的产品就是废品。

2. 产品的下道工序就是用户。

3. 海尔创世界名牌,第一是质量,第二是质量,第三还是质量。

4. 在海尔,对产品质量的要求已经从满足标准转变为满足不同消费者的需求。

5. 先卖信誉,再卖产品。用户永远是对的,绝不对市场说不。

6. 与其让别人打倒你的产品，不如自己先打倒自己。不断否定自己的过去，才能在市场上立于不败。

7. 如今市场形势变化莫测，企业质量控制因此面临三个新的压力。首先是低成本和高质量要求之间的矛盾带来的压力；其次是产品更新速度的压力；最后是在连锁商店和用户之间，企业到底该满足谁？

8. 机器换人不等于互联工厂，机器换人有可能带来自动化、高效率，但如果不知道用户在哪里，本来过去生产一千，现在一下子生产两千，没有用户会更麻烦，只能放到仓库里去。互联工厂的前提应该是生产出来以后没有仓库才对。

9. 工业4.0不是说产品到底怎么制造，本质是"产消合一"。根据这个融合的趋势或者消费者的要求来设计你的产品。

10. 传统企业的流程是瀑布式的，就是直线的，落下去之后不可能再回来。今后，互联工厂和用户之间应该是迭代式，即用户拿到产品之后，可以根据用户的意见再迭代，再来改变。这是整个工业模式的转变。

11. 将来的互联工厂应该是：生产线上还没有出厂的产品，到谁那里去，是先定下来的，而不是"我不知道，干了之后出厂再说吧"。

12. 工匠精神分为两层，表层是将产品做到极致，深层是改变现有产品。打个比方，你做算盘，算盘做得全世界没有人能够比，但现在做电商不用算盘，现在更多在强调工匠，这是需要的，但更多是共性的。

13. 供给侧的改革当然不能简单说是萨伊的"供给创造需求"。但是我认为如果说白的话，改的地方就是从卖产品变成卖服务。

14. 电商是给用户提供无穷的产品和服务供用户选，但物联网时代倒过来了，是站在用户角度为他们提供最合适的产品和服务体验，也可以叫作"场景商务"。

15. 海尔转型的目标从原来制造产品的加速器变成孵化创客的加速器。

16. 过去，一种是现有产品的不断更新换代，一种就是彻底颠覆现在的产品，是革命性的创新。但是，现在我们还要加上平台。平台可以将延续性创新和颠覆式创新结合起来。

17. 公司不是以产品来定义的，而是以用户来定义的。

18. 产品质量根本不是标准的高低，而是由用户定义的。那么，现在用户定义的质量是什么呢？就是谁能够满足我个性化的需求，谁根据我的要求做得好，谁的"质量"就高。

19. 产品质量的观念、质量的机制、质量的创新三者是一个统一的逻辑关系，本质都是以用户为中心。如果没有正确的质量观念，就不可能建立一个正确的质量机制，但建立一个正确的质量机制之后，如果没有自我突破，自我颠覆，不能再去进行质量创新，那么这个质量就不是真正受用户欢迎的质量。三者统一才能做到企业和用户双赢。

20. 互联网时代一定是全流程的体验。质量方面来讲，存在三方面，首先是研发的颠覆。原来产品研发有很完善的流程，一个产品可能花两年甚至三年，研发出来只要一推到市场上去一定是无懈可击的，但是互联网时代这个观念改变了，如果说推到市场上面的产品不能使你感到羞愧的话，就说明已经晚了。

21. 物联网时代对制造业最大的挑战不再是一个（质量控制）体系，不再是你给用户提供了什么产品，而是你只不过是互联网的一个节点，你必须融到里面去。

22. 品牌不仅仅是指一个产品，更应该是指一个平台。在传统时代，你要么就是品牌，要么就是品牌的代工企业；在互联网时代，要么拥有平台，要么被平台拥有。哪个平台是品牌，它的影响力就非常大。

23. 后电商时代最重要的产品质量就是诚信。

24. 现在，最需要的是"不要认为中国人做的产品质量不好"，我认为要建立诚信体系，这是最重要的。

25. 用户感兴趣的不是产品，而是产品提供的解决方案。

26. 我们原来是做"电器"的，现在要变成做"网器"的——所有家电到用户家里,都可以和我们产生交互。我们不再强调我们生产了多少多少台产品,而是要关注我们拥有了多少多少用户资源。我们这么做的目的就是,希望我们能够成为物联网的引领者。

27. 物联网现在基本上还停留在"控制"阶段,就是我通过手机把这些(物体)都控制起来。但是,我们希望再往前走,按照用户体验最后能使电器进入"自学习"阶段,可以跟用户真正人机对话。

28. 不要让你的产品成为"孤儿"。

29. 整个家电还有没有出路?肯定是没有出路了。只能是从卖产品到获取终身用户,只能做社群经济。

17. 要蒲公英，不要兰花

每周，张瑞敏有两个会是雷打不动要参加的。一个是周六例会，这是针对平台主的；一个是周三案例分享会，这是创客们做分享交流的。

周六的会气氛严肃一些，因为平台主是海尔转型的命脉。他们需要从全能的管理者向提供资源的平台主转型，他们转得好不好直接关系到平台体系的搭建和小微孵化的成功率。所以，你要是能看见张瑞敏发脾气，基本也是在这个会上。

周三的会气氛活泼一些。每个平台轮流包场，拿出自己平台上

17. 要蒲公英，不要兰花

孵化的创客和其他平台的创客们一起交流心得。在这个会上，你是啥项目都能看到，比如用金融思路养奶牛的。

今天上午，听完创客们的分享后，张瑞敏做了一个简短的发言：

> 海尔的颠覆有两层意思：对人来说，从员工为创客；对组织来讲，从原来做企业的体系颠覆为平台。要做到这两点，则依赖于每个人拼搏的精神。美国的心理学家把人分为两类：一类叫作蒲公英型，一类叫作兰花型。
>
> 兰花对条件的要求很高，水分和气候都要合适。传统企业的项目就是兰花，审批一个项目就要给资金、给人员、给地方。如果条件都具备了，这样的兰花可能会开得很灿烂，但也会衰落。不管怎么讲，兰花是没有生命力的。
>
> 蒲公英则是随风飘逝，会飘向任何一个角落，不管水分和土壤怎样，它都能存活。我希望每个人都像蒲公英一样，在任何条件下都可以生存下去。如果条件不够好，自己就要努力。更重要的是，自己成了蒲公英，还应该培养出更多的蒲公英。每一粒蒲公英的种子，就是一个新的节点。
>
> 比如我们的微店体系，它就是无中生有，继而产生更多微店，连接了更多用户。所以，网络体系说到家就是网络价值，网络价值就是网络节点。

这是其一。

其二，就是我们创客的表述。有人做得好，但是表述成问题。先说导语，在导语里把结论说清楚，接下来的表述就是服从于这个结论或者目标。我们做分享，不是写小说，不要把结果放在后边。在表述的时候，要学会自问自答，也就是是什么、为什么和做什么。这样说明，你在做的时候，就有了一个逻辑框架。叔本华有句名言，"思考得清楚，才能表达得清楚"。

关于蒲公英和兰花的思辨很有意思。蒲公英的生命力顽强，对环境的依赖不高，但这并不意味着企业可以什么都不做，传统的企业体系是一台精密的机器，部件之间彼此咬合程度高，但企业家关上门也是可以制造出这台机器的。平台看似是一个野蛮生长的环境，但是这个环境本身的搭建则高度复杂。就好像之前有人在芝加哥做过的实验，如果你拆了一座楼，完全可以还原，但如果你毁了一个原生态的森林，则无论如何是无法还原的。**这是因为生态本身是可以自我动态调节的，这个"动态"你又如何模拟呢？**

蒲公英并非孤立的个体，它是生态中的一部分，起码其种子的传播是需要借助风力的。对于组织而言，"风力"是由外部环境和内部环境的交互产生的，组织如果不变成平台，不把包裹在"人"周围的那一堵堵墙拆掉的话,"风力"也就不存在了。

兰花和蒲公英是个经典的比喻,尤其对于转型中的组织而言。它们就好像一个人拥有的两种特质,在特定的环境激发下,呈现不同的结果。**转型转的是什么?就是对人的塑造机制。**

18. 从泰勒到张瑞敏

从异端到英雄

如何评价海尔的这次变革?

这的确是个问题。

首先,因为海尔此次变革的力度和广度超越了 GE 在 20 世纪的变革,当之无愧的史上最大规模组织变革。随之而来的任何评价,无外乎两种:惊叹和质疑。惊叹者认为张瑞敏有胆识有魄力有才学,无论成败都值得尊敬;质疑者认为,张瑞敏在挑战传统管理范式,

18. 从泰勒到张瑞敏

在抛弃经典，在背叛所谓企业的常识，此战必败。

其实，若抱着成败之心来看，你多半也就着了相。一般而言，组织变革的驱动力来自两方面：内因是组织业务发展的要求和当下结构的不适应；外因则是市场意愿的变化。组织就像一个人，从婴儿到青年、壮年的成长是一个环境与人体内组织相互协调的过程，每一天每一分每一秒都在发生。相比"成/败"这样的静态概念而言，我宁愿认为这是一个"存在"的概念。

即使海尔集团 2014 年的业绩相当出色，我也不会说海尔变革成功了，或者说他们距离成功又近了一步。按照张瑞敏的思路，这可能最多标志着他们找对了路。在一条通向未知领域的苍茫大地上，海尔打下了第一个路标。

在"如何评价海尔变革"这个问题上，我更愿意秉持托马斯·库恩的一个观点，对于革命而言，不要看它的成败，而是要看它影响了多少人。

库恩在《科学革命的结构》中有这样一段朴素的论述："这并不是说新范式的胜利最终要通过某种神秘的美感才能达到。恰恰相反，几乎没人会只为了这些理由而抛弃一个传统，这些真的这么去做的人通常会误入歧途。但是如果一个范式真的要胜利，它必须得到一批最初的支持者，这些人会去发展它以期能产生和增殖有力的论据。而且即使这些论据能够达到，它们也并非单个地起决定性作用。因为科学家是理性的人,他们中的大部分最终会为这个或那个论证所说服。但没有哪一个单独的论证能够或应该说服所有的科学家。实际的情形并不是整个团体发生改宗,而是信奉者在专业群体中的分布,有一个日益增加的转变。"

笃定自己的信仰,这是革命者要具备的第一个素质。正是这种笃定,常常在新旧交替的初期,会把自己推向异端的位置。革命是科学时代的规则,英雄往往就是异端。

当张瑞敏推出平台化战略的时候,回馈给他的并非是对一个敢于向传统知识体系挑战的英雄的掌声,相反,类似于"理论太美丽""不具操作性"的质疑声此起彼伏。这体现了海尔以及张瑞敏在中国商界的影响力,更重要的是,张瑞敏在挑战人们的认知极限。这种挑战从他当年砸冰箱就开始了。

可以说,在2013年和2014年上半年之前,张瑞敏一直都被认为是中国商界的异端。除了他不爱混圈子,缺少和中国的名流企业家们寒暄的热情之外,张瑞敏对管理变革的思考常常被认为是"语出惊人"到没有"朋友"。

事实也的确如此,那段时间,在理念上唯一能和张瑞敏呼应的小伙伴就是腾讯的马化腾了,"失控"和"自组织"是这两位企业家做变革时的关键词。直到万科的郁亮加入,组织大转型的阵营开始呈现出库恩说的"整体作用",异端开始成为英雄。

18. 从泰勒到张瑞敏

据说，郁亮在走访完海尔之后，坚定了转型的信念，甚至认为万科更加适合做平台型组织。目前，郁亮在万科实行的以合伙人取代职业经理人的尝试，也可谓艺高人胆大，一刀就捅到了传统组织模式的要害。

能否从异端模式走到英雄模式，是范式革命能否发生的关键。

未来的管理是什么样子，谁也不知道。好在有一群现代麦哲伦，驶离了原本坚实富足的港湾，向着未知探索。更好在，他们并不孤独。

为了告别的聚会

在管理领域，我认为真正的革命仅仅发生过一次，即泰勒的科学管理。科学管理的意义不言而喻，人类首次将知识用在了对工作的分析和监督中。可惜的是，由此衍生而来的泰勒主义几乎成为罪恶的代名词。

泰勒曾赤裸裸地向工人宣讲："我雇你们来是为了用你们的体力和操纵机器的能力。至于用头脑，我们另外雇了人。"由此，人们认为泰勒主义的本质即是，高层经理对于下属的工作实施绝对控制。

泰勒主义从某种意义上说是符合那个时代的要求的。20世纪早期的美国劳工绝大多数未受过教育，不善表达自己，也对工厂体系不习惯。对他们来说，严格规定的工作步骤是切实有用的。

更重要的是，恐怕这一点只有德鲁克看到了，泰勒是一个心怀建设新社会梦想的人。德鲁克认为，泰勒最伟大的地方在于，看到了马克思看不到的，即工人阶级和资产阶级之间的矛盾并非只有靠暴力革命才能解决。让工人掌握工作的知识，从而改善其生活，工人从"无产者"变成了"有产者"，而发达国家的生产力自泰勒之后，提高了50倍。在泰勒之前的100年时间里，工人的工资几乎没有增长，而泰勒思想的忠实实践者亨利·福特开创性地大幅度提升了工人工资，这都要拜知识所赐。

不过，我们还要注意到一个历史的细节。除了一些人本主义者对泰勒的抨击，工会是泰勒思想最大的敌人。工会掌握了某个行业技能，并以学徒制的方式进行传授，这使得他们成为技能的垄断者。泰勒的出现冲破了这种技能专有的局面，并以可以通用的知识理论对工人做工进行分解和指导，无疑，这彻底触动了工会的利益。

为了维护其地位，工会对泰勒进行了攻击，认为他加大了对工人的迫害。不过，导致泰勒成为整个资本主义世界公敌的是，泰勒认为"工厂的权力不一定以所有制为基础，只能以优越的知识为基础"。这句话被德鲁克认为是专业化管理的前身，然而在当时让资本家震怒。不过，很快，亨利·福特的实践再次印证了泰勒的观点。专业管理必然取代工厂主的作坊管理。

之所以说，科学管理是管理思想领域唯一的革命，是因为泰勒认为自己思想的核心是让工人成为生产力提高的最终受益者。如何受益呢？懂得关于工作的知识。

事实上，泰勒之后的数次管理理念变革，都是紧紧围绕泰勒的"工人受益"。德鲁克认为，日本经济在"二战"后的崛起得益于知识化管理。我们可以把日本的管理思想统称为"丰田主义"，其精髓是对一线员工赋权，让其了解关于生产的整体知识，从而可以提高自主能力。丰田主义可以认为是泰勒主义的延伸。

现代管理百余年，让员工自主是一个恒定的主题。这个主题发挥到极致，无非就是杰克·韦尔奇的"无边界组织"，也可以认为自主的极限就是组织的极限。

事情正在起变化。

知识不再是苏格拉底眼中的静态的形而上学，而是和行动结合在一起。而知识的目的却从未发生变化，就是它自身。由此我们不难理解在网络上人们的行动新模式，即为了追求某一类知识而聚合成一个群体。当目的达成之后，群体可以迅速解散，大家再分头寻找新的知识目的地。也许，用米兰·昆德拉的一本书名来概括这种聚散模式最合适不过，"为了告别的聚会"。

张瑞敏掀起了管理范式的第二次革命

新范式的确立需要一个长久的论战过程。在这个过程中，实践就好像物理学中的"实验"一样显得尤为重要。而实践，往往要基于假说之上。对于管理而言，德鲁克无疑是最为重要的"假说"提出者。

第二次世界大战之后，德鲁克认为知识使得资本和劳动力靠边站，成为新的生产要素。"知识的目的是知识"，德鲁克的这句名言极富深意，其完整表达或许是，知识的目的是生产知识。德鲁克是在含蓄地为知识下一个定义，即关于行动的智慧。

德鲁克提出："从知识向种种学科的转变给予知识以创造一个新社会的权力。但是必须在专门化的知识和成为专家的知识人的基础上建构这种社会，这样才赋予他们权力。但是，这样也提出了一些基本问题——价值观、梦想、信仰问题，这是所有能使社会凝聚在一起并赋予生活以意义的东西。"

德鲁克为管理注入了两个新观念：知识社会就是专家社会，组织的知识化就是专家化。基于第一点，因为个人知识的意愿属性，价值观、愿景会成为组织管理的新要素。

当组织拥有了这样一批掌握专门学科体系的人之后，组织的任务就是如何让"知识变得更有效"。德鲁克认为，知识没有高低之分，所以，组织中人与人的关系应该是一种伙伴关系，而不是从属关系。所谓让知识变得更有效，其实就是熊彼特说的要达到破坏式创新的目的。"组织是破坏稳定的因素"，德鲁克认为创新就是稳定的敌人，而创新要依赖于组织中的专家们利用自己的专业知识来生产新的知识。

当德鲁克提出组织要学会"变化管理"的时候，他没想到的是信息技术的发展已经超越了自己的预测范围，把应对变化作为组织战略已经不合时宜，变化就是组织的常态。

专家在组织中扮演着伙伴角色，那么他们对于组织的意义是什么呢？在传统雇员社会里，工资是第一诉求。雇员是为组织或者老板一个人尽力。在知识社会里，雇员需要通过组织提供服务，德鲁克将这种雇员称为"自我雇佣"。组织更像是一个平台或者量子力学中的"场"，雇员就像是活跃的粒子，他们自身的能量就构成了对社会的"作用力"。

德鲁克的这个假设成为张瑞敏践行组织变革的理念，并贯穿在海尔30年的发展历程中。在创业初期，张瑞敏就希望通过从规范工作流程开始，让当时的工人具备专业素养。在专业素养之上，张瑞敏又实施OEC管理[1]，让员工的职业素养从工厂之内提升到整个工作状态中。随后又有SBU[2]、市场链等，这是一个从无到有、循序渐进的知识养成过程。可以说，张瑞敏今天有勇气和底气在海尔实行

---

[1] OEC 管理，全称是 Overall Every Control and Clear，意为全方优化管理法。
[2] 战略业务单元（Strategic Business Unit，SBU）。

全盘组织颠覆，将组织彻底平台化、员工创客化，完全得益于海尔这30年来从"技能化""技术化"到知识化的持续演进。

可以说海尔的30年发展经历了德鲁克眼中的两个时代，即"生产力时代"到"管理时代"的跨越。很多人在评价海尔或者以海尔为代表的中国传统制造业的时候，更喜欢将其与新型互联网公司进行比较，而忽略了海尔在时代背景之下的跨越。

在互联网时代里，也许需要对德鲁克所谓的"专家"提出新的定义。专家已经不再是接受过某种学科体系教育的人，而是每个人都有可能是专家。互联网中，知识无处不在。在我接触的诸多"85后"优秀创业者或者专家型员工中，发现了一个很有意思的现象：他们中的大部分人并非传统意义上的在校成绩优异生，大多数没有光鲜的求学背景，有的人甚至连正统的大学教育体系都没能进入。但是，他们都能够掌握某一项专门的知识，并呈现极客化趋势。他们对自己感兴趣的领域有着偏执的热爱，并能通过自己的文笔或者行动影响一大批忠实的受众。

有一个原因无法忽略：互联网正在瓦解传统教育提供的知识体系。知识越是碎片化，极客型知识人才相对越是容易出现。当然，我们所说的碎片化是指专业知识的划分不再遵从以往的标准，比如智能硬件测评，本来智能硬件只能算是制造业体系中的一个小分支，而测评更像是由相关指定机构或者媒体来操作。但是，互联网上活

18. 从泰勒到张瑞敏

跃着一大批优秀的"85后"智能硬件测评专家,他们熟悉产品构造,掌握了专业的数据,了解受众心理,会自我表达。但是他们不属于什么权威机构,他们只为自己的兴趣工作。

对于现代组织而言,最大的难度不是组织内的知识管理,而是如何跨越疆界,打破传统的人才观,将散落的个体知识和组织知识进行融合。张瑞敏想到的办法就是引入创客机制。不同于互联网公司的内部创业,海尔的创业平台是一种极致的借力打力模式,即借助外部创业者的进入打破内部的组织惰性。两种粒子产生的"场"相撞,产生的力道可想而知。

海尔这种以外力冲击组织的思路早在"1+1+N"时就已经体现。但是,张瑞敏这两年先后在海尔推行倒三角和网状组织,形式上的扁平化正在逐渐成型,而"1+1+N"毕竟还带有较为浓重的科层序列意识。我们还需要对海尔的"平台化"进行辨析。

海尔的目的是"成为"平台,而不是"搭建"平台。这两者的区别很大,就在于前者是一个生态概念,后者是一个造楼的概念。对后者而言,"搭建"平台是组织的一个工程,它和组织结构的关联度不大。"成为"平台则要求组织必须按照生态圈和市场经济的法则进行自我改造。

创客化可以说是平台化的必然结果。组织不可能仅仅通过内部市场进行自治,也许在工业时代可以,但是在这个知识可以通过市场进行交换的时代里，一组无线网络信号就可以打穿市场围墙。更何况，中国自身的市场经济发展已经证明，不存在一个可以与世隔绝的区域市场。

不过，如果从革命的角度来讲，泰勒的意义似乎要大于德鲁克。前文中谈到过，管理史上唯一的革命是由泰勒引发的，那就是知识使得工人受益。互联网带来的管理革命是通过知识让知识受益。第二个"知识"特指"人"，这个人不是生活在传统的组织结构金字塔里，而是立足于网络之上，他的任何一个知识触角都可以和网络连接，从而产生价值。

张瑞敏对海尔的变革实践引起了全球管理学界的关注，他在用前无古人的方法重新塑造组织的知识价值观。平台化也许不是最正确的实践路径，但绝对是目前能看到的唯一路径。张瑞敏无疑正在掀起管理范式的第二次革命，距离泰勒引发的第一次革命 101 年。

而德鲁克，更像是两次革命之间的衔接者。正是他对泰勒的高度总结和对未来知识社会的假说，启蒙了人们对"管理"的认知。

19. 打领带、穿布鞋的张瑞敏

打领带的张瑞敏

张瑞敏是企业家中的哲学家,这句话在坊间流传了很久。直到最近秦朔在一篇文章中把张瑞敏比作中国商界的"苏格拉底",这才算定了调子。看得出,秦朔很激动,极其罕见的1.6万字的对话体全文刊发,算是破了微信阅读的篇幅规矩。一向持重的秦朔更是在文中用了"伟大"二字来形容张。显然,张瑞敏打动了他。

其实,想被张瑞敏打动并不是一件简单的事,因为对话者必须要能跟上他的节奏。这倒不是说张瑞敏说话有多快，而是因为他是国内企业家里极不多见的按常理出牌的人。"常理"的重点是"理"，是理论，也是道理。

德国人布施长得高高瘦瘦，面目清秀，是学者中的颜值担当。有一年他来海尔调研，在见张瑞敏之前他希望能了解更多关于张瑞敏和海尔的信息，于是我跟他喝了顿酒，聊了聊自己眼里的张瑞敏。他说耳闻张瑞敏读书破万卷，但究竟是谁的理论或书对他影响最大呢？

我很尴尬，因为张瑞敏秉持的是实用主义的读书态度，不管是谁的理论，只要能启发他当下的管理思路，他就会兼容并蓄。由于布施是德国人，我就说可以跟张聊聊叔本华、康德、黑格尔。布施大吃一惊。他说虽然他们自童年开始就耳濡目染这些哲学思想，但也知道德语的复杂使得黑格尔等人的作品在经过翻译后显得非常艰涩。我说，你就放心去聊吧，也许会有惊喜。

结果，实诚的布施一上来就和张瑞敏聊起了黑格尔的"正反合"的辩证理论，张瑞敏也很激动，两个人一边说一边在纸上画了起来。后来有一次我在飞机上碰巧跟张瑞敏坐在了一起，我问他这两年到海尔调研的西方学者里，谁给他的印象最深。张瑞敏说，布施这个小伙子不错。

哲学家从来不是张瑞敏的追求，他自己也说"我不是知识分

19. 打领带、穿布鞋的张瑞敏

子"。张瑞敏读哲学的目的在于验证自己的底层逻辑。

我曾经在一篇文章中探讨过,哲学的好处之一就是让人透过冠冕堂皇的词藻,识别各种谬论、情感上的讹诈,以及各种诡辩和伪装,它能大大提升人们的批判意识。因为企业家并非生活在单纯的组织空间内,其经营理念也并非只受供需关系的影响。如何辨别噪声,让自己看到组织和时代、社会环境的本质关系,就是企业家学习哲学的必要性了。

在组织实践中,超出经营的部分,我们都可以认为是用经验方法和逻辑方法无法解决的。此时,正是哲学登场的时候。当然,以赛亚·伯林认为,一个人提出哲学问题的前提是,思想应该是自由的。

张瑞敏的思想是自由的,当布施提出海尔模式符合了西方理念中满足"个人""社区""社会"的三层需求时,张瑞敏立刻把中国传统文化中的"个人""家庭""国家"与之对比,这种对比并非形而上学,而是要探讨清楚,海尔模式如何超越企业的商业模式成为一种价值模式存在下来。

张瑞敏在数次演讲中提到的"有人认为海尔模式是一种社会模式",起源就在这里。

网上有很多流传的张瑞敏语录,其中大多数并非张瑞敏所讲。因为他不是一个聊到兴起就往外蹦金句的人,这就是我说的他不喜欢不按常理出牌。他的思考是系统化的，他甚至很抵触碎片化思考。在集团的战略会议上，张瑞敏从来不会对平台主们说"你必须要如何如何""你不能如何如何"这样简单粗暴的话，而是把"你要做什么"作为战略目标，然后逐步进行战略分解：如果要达到长期目标，你要如何在经营上落地，如何用短期目标的路径去通往中期目标。海尔内部有一个著名的"二维点阵图"，每个员工的考核内容都在上面。张瑞敏会拿着激光笔，针对某个人，一个阶段一个阶段、一个数字一个数字地去拆解。

参加过大公司集团例会的人可能都知道，很少有CEO去做这么细致的战略指导和动作分解，更何况以张瑞敏今时今日之地位，能现场聆听他一两句教诲就算不错。但张瑞敏首先是海尔的张瑞敏，可被表述的系统性思维是海尔走过30多年历程依然屹立在顶级公司行列的秘密武器。

其实，这都是常识。碎片化思维是成熟型公司的敌人，这种带有强烈的早期创业公司痕迹的思维模式常常会导致大多数公司走不出青春期。

系统化的思考和表述并非被所有听众或受访者所接受，尤其对于那些只在意结果不在意过程的人来说。其中不乏在国内被热捧的一些管理学者。正因如此，张瑞敏的很多话被外界说"看不懂"。这是一个怪现象：有的企业家说的不着四六的金句都能被解读出几大

19. 打领带、穿布鞋的张瑞敏

段来,张瑞敏严丝合缝的论述却被很多人在解读时粗暴地打断或者拆解。

这种不被理解,也可以说是张瑞敏丰盈的内心遭遇了国内商业环境的急功近利。在这种撞击之下,张瑞敏就更加专注于思考本身。这也是他实用主义者的一面,企业是做出来的,不是讲出来的。而且,信奉成大事者必有"小人监督"的他也会在私下对我说:"有一天我不被人质疑了,说明就真的没人关注海尔了。"

张瑞敏尊重每一个来访者。海尔董事局大楼的六楼有一间茶室,这是张瑞敏会见客人的地方。每一次双方都会在一张长方形的桌子前聊天。要我说,那不是聊天,因为没有人的神经是松弛的。张瑞敏把每一次谈话都看得很重要,他希望大家都可以把"真家伙"亮出来,彼此碰撞,彼此吸引。

有的访谈者没有耐心去理解张瑞敏的系统思考,可能会觉得了无趣味。有的人能很快被带入节奏,用学识、修养和张瑞敏去碰撞,结果就有了秦朔的那篇1.6万字的激情澎湃之文。

张瑞敏只谈业务和理念,不谈心情和自己,但不代表他内心没有波澜。聊到兴致的客人,他会在谈话结束时说一句:"走,到我书房去看看。"而在公开场合,张瑞敏也不会将心情直接表达出来,他会把"领带"作为自己的"话筒"。

2016年冬天,张瑞敏带着高管去美国和伊梅尔特谈判,系了一条满是帆船图案的蓝底领带，他要告诉团队和对方，希望双方的合作可以一帆风顺、扬帆远航。

2017年9月20日，在首届"人单合一"国际论坛上，张瑞敏系了一条写满不同语言的"谢谢"的领带。海尔探索"人单合一"模式12年，他的激动和想说的话都在这"谢谢"二字上了。

穿布鞋的张瑞敏

张瑞敏每年读很多书，不代表他就不行万里路。

张瑞敏最近几年瘦了不少，因为他每天早上都会打打乒乓球。除此之外，走路是他的另一大爱好。说是走路，我觉得可以用"健步如飞"来形容。他两条大长腿一甩开，我这种小短腿得紧捯饬才能跟上。

张瑞敏喜欢穿布鞋，不是老北京那种片儿鞋，而是软底帆布低帮鞋。有朋友在旧金山跟张瑞敏巡店，回来跟我说"那叫一个累"。不倒时差，下了飞机就开始工作。能走着就不坐车，能站着就不坐着。朋友也是正当壮年的小伙儿，跟张瑞敏走一趟也算是把体能拉上去了。

2016年夏天，张瑞敏去路易斯维尔参加海尔和GEA的交割仪式，他专门拿出了一整天的时间参观GEA的工厂。他关注每一个产品的细节，还不囿于产品细节，他更关心产品背后的逻辑，比如核

19. 打领带、穿布鞋的张瑞敏

心技术是什么,怎么来的,在行业内的地位,和海尔自己的产品比如何。之所以问这么仔细,是因为他在跟"人单合一"的理念做对比:老牌的家电厂商是否还能适应这个时代,其开放理念和海尔相比,到底还有哪些不足。

他在和秦朔的访谈中说:"全世界都在研发不用压缩机的冰箱。过去我们认为最厉害的应该是GEA,并购后我第一个看的就是研发部门,特别是看不用压缩机的冰箱这一块,一看,他们还没有研发出来,只是告诉我研发到了什么程度。我们的研发人员,论单个能力,真的赶不上他们,他们积累几十年了。但我们却走在了他们前面。为什么?因为我们把全世界最好的资源连接起来了。过去还要专利,现在没有关系,专利可以是你的,我要的是帮你创造出最后的成果,然后分享。所以我们能第一个推出不用压缩机的冰箱。"

在跟张瑞敏参观GEA那次,我感觉到体力不支了,偷偷跑到咖啡间休息了一会儿。出去再看,张瑞敏正站在产线前了解数据。

行万里路就是亲力亲为。

张瑞敏是从车间里成长起来的企业家。在创业期间,每天就是看图纸、算数据,是"马上CEO"的典型代表。20世纪90年代,一家日本企业要来国内谈合作,当时除了海尔还有另一家企业被考察。日方代表一进海尔的车间就被震住了,因为大到产线,小到螺丝钉,都一尘不染。合作自然也就水到渠成。

看车间、巡视门店是张瑞敏的基本功，可以说相当扎实。

行万里路才能阅人无数。张瑞敏特别爱说这句话，无论是在集团内部会上还是在私下里。一个人如果能经历一次创业过程，他就会有一个认识自己的过程。而这种认知是从琐碎的事务中开始建立的。

那么人对自己认识的最高境界是什么呢？张瑞敏放下手中的书，对我说："就是你千万别忘了自己姓什么。"

张瑞敏是谁呢？大部分时间里，我将他看作一位灵魂有趣的老人。在飞机上那次偶遇也很有意思。我正坐在座位上听歌，感觉身旁站了个人，也不说话，就是默默地站在那里。抬头一看，是张瑞敏。显然，他是不想打扰我的兴致。

在从上海飞青岛的路上，他放弃了飞机上阅读的习惯，拉着我聊了很多。海尔的高管对我说，张瑞敏喜欢跟年轻人打交道，因为他觉得年轻人的世界很有趣。于是，我就有的没的跟他一路"八卦"。不同意的地方，他就点点头，不好表态的时候，他就哈哈一笑。临下飞机之前，他还关切地说："你没订车的话，就跟我的车回去吧。"他一直把我送到董事局四楼电梯口。

2018年5月，几乎从来不看电视的张瑞敏在家陪小孙子看了场电影。几天之后，他就在周三的样板会上向在座各位推荐了《摔跤吧！爸爸》。他说，在国际顶级赛场上，唯信念不可摧毁。说这话

19. 打领带、穿布鞋的张瑞敏

的时候,他侧身转向了听众。

张瑞敏在开会的时候从来不喜欢坐在正中央,海尔其他高管也是如此。会场最显眼的位置是留给创客们做"路演"的。

张瑞敏行万里路的方式有很多,他总能把路上的所见所闻内化于心。布鞋穿在脚上,心却在路上。

20. 关于硅谷悖论

张瑞敏见到拉里·唐斯后,马上来了一个熊抱。

这是拉里·唐斯连续第二年来海尔调研。上一次见面时,唐斯的《大爆炸式创新》正在东方和西方刮起新一轮的创新旋风,这本书也击中了张瑞敏的内心。

调研间隙,我和唐斯闲聊,从理论基础来看,他的大爆炸理论和克里斯坦森的"颠覆式创新"有很多相似之处。他谦虚地摇了摇头,说很开心我拿他跟克里斯坦森相提并论,但是,这两个理论从根本上是不同的。

20. 关于硅谷悖论

唐斯按照理论发生的时间顺序将创新分为了四个阶段：自上而下，以迈克尔·波特的五力模型为代表；自下而上，以克里斯坦森的颠覆式创新理论为代表；侧翼包抄，以蓝海战略为代表；大爆炸式创新，则是唐斯在硅谷居住多年，观察了无数企业的兴衰之后得出的结论。

在克里斯坦森的理论中，在位企业面临的创新冲击来自非在位企业，这是一种自下而上的冲击。换句话说，在位企业是可以通过得当的战略为自己赢得战机的。但是，大爆炸理论提出，移动信息化如此发达的今天，战机是不存在的，除非你在另一个宇宙空间里。

所谓"爆炸"就是指，冲击力来得迅猛且包裹性强，就像一个黑洞，能瞬间将在位企业吞没。像《星球大战》里那种"绝地反击"的场景，会越来越不可能出现。

张瑞敏很早就表达过自己的焦虑感，不仅仅是由于行业的整体利润率在走低，而且因为信息化已经把传统组织流程逐渐消解。流程优化被流程再造取代，流程再造的终点则很可能要面临组织为何物的终极拷问。

张瑞敏最早在 2000 年的内刊《海尔人》上撰文，用户要三角形的冰箱，海尔就要生产三角形的冰箱。直到这次，我陪唐斯参观海尔最新的互联工厂时，终于看到这种用户定制理念已进入现实。

一个用户将融入了鸟巢外观的空调设计图纸上传到海尔的"众创汇"平台，然后被用户推荐，最终成为可量产的空调型号，直接进入了互联工厂进行生产。唐斯参观时，驻足在带有流程演示功能的几个大屏幕前很久，连续说了几个"amazing"。

从梦想照进现实，张瑞敏用自己的焦虑推动海尔连续演化了16年。不过，我相信，他会更愿意用"自杀重生"这四个字。

自杀还是他杀，这是张瑞敏在大概4年前跟北京大学胡泳教授聊天时提到的。在世俗化语境里，也被称为"等死"还是"找死"。传统行业依照工业化思维路径，就是死路一条，行凶者是一个叫作"信息化"的蒙面者。他有忍者一样的功夫，时而现身，时而隐身，让被杀者有一种身处丛林之中，危机四伏的恐惧感。

《大爆炸式创新》出现得恰逢其时，尤其对于张瑞敏来说。因为这本书就是在告诉你一个道理：与其坐以待毙，不如主动出击。

张瑞敏的办公桌上摆了一个用《财富》杂志封面做的相框，封面的内容是一艘沉船，这是以前的事。现在他的的确确把《大爆炸式创新》的主要内容做成了一幅大照片，悬挂在了自己办公桌前方的墙上，坐在椅子上，抬头便可看到。

张瑞敏想告诉自己，大企业的消亡不会再有几部曲之说，一定是说倒就倒,甚至无法提前预测对手在哪里。我在两年前采访海尔集团轮值总裁梁海山的时候,问他为什么海尔的智能家居一直在布局,都十几年了,但市场情况依然不算明朗。他说,如果有一天你看到市场明朗了,你也就没有机会了。

惊悚的"鲨鱼鳍"

拉里·唐斯正在创作新书《下一个行动》(暂定书名)。在这本书里,他要解决的核心问题是,为什么很多企业家只在作为初创企业家时是成功的?为什么在整个企业发展过程中只会有一次成功?实际上,真正成功的企业,只有一个成功点是不够的,需要不停地自演进,以获得更多的成功。为什么一个公司只有一个成功的产品?

他列出了其中一个原因,当公司上市之后,它们的动机、目标就改变了,"受到华尔街分析师的干扰和压力"。另一个很重要的原因是,很多有好产品的公司上市之后,投资方、股东会让初创团队赶紧走开,取而代之以一些新的力量,而这些人可能会有更多传统意义上的经验,但没有初创团队的创业精神。

唐斯的这些思考是基于《大爆炸式创新》中的一个模型,即大爆炸式创新的四大阶段:奇点、大爆炸、大挤压、熵(见图20-1)。对于企业而言,最危险的在于"大爆炸"和"大挤压"两个区间内。

唐斯给它取了一个惊悚的名字，"鲨鱼鳍"。

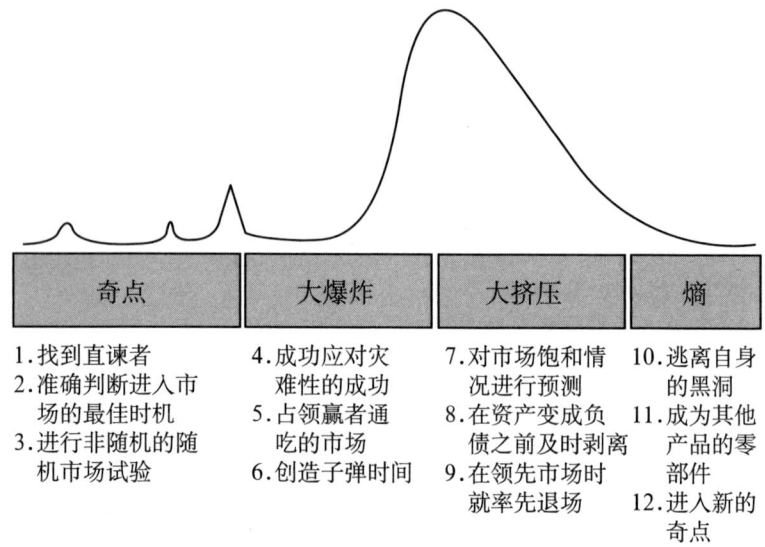

奇点	大爆炸	大挤压	熵
1. 找到直谏者 2. 准确判断进入市场的最佳时机 3. 进行非随机的随机市场试验	4. 成功应对灾难性的成功 5. 占领赢者通吃的市场 6. 创造子弹时间	7. 对市场饱和情况进行预测 8. 在资产变成负债之前及时剥离 9. 在领先市场时就率先退场	10. 逃离自身的黑洞 11. 成为其他产品的零部件 12. 进入新的奇点

图20-1 大爆炸式创新的十二规则模型

从图20-1中可以看到，"大爆炸"和"大挤压"的区隔非常不明显，成功和失败的间隙可能连"瞬间"都不到。张瑞敏自己也常说，对于企业而言，根本不存在"成功"。

张瑞敏把《大爆炸式创新》这本书反复看了三遍，就是在思考如何度过"鲨鱼鳍"阶段。他和唐斯交流时，饶有兴趣地拿起笔，在纸上边画边说："我在很多次演讲时都引用了'鲨鱼鳍'概念，是因为我觉得它非常形象地说清了互联网时代的企业应该做的方向。我希望小微按照这个图来做。我们把它叫什么？小微的自演进。小微的目标绝对不是上市，因为上市之后下来了那就完了，所以要不断地自演进。"

张瑞敏对"鲨鱼鳍"做了修改，他在"大爆炸"和"大挤压"之间做了更加陡峭的曲线叠加。他认为企业如果要避免被挤压，就要不断让自己处于爆炸状态，也就是永远用创业的精神去创新。唐斯喜出望外，说这和他最近的思考不谋而合。

张瑞敏把查尔斯·汉迪的第二曲线和大爆炸式创新有机结合，再一次展示出其深厚的学养。

把硅谷带进海尔

如何让大公司保持创业团队的活力，如何让经理人转变成创业者，这个问题早在1999年，加里·哈默投给《哈佛商业评论》的一篇文章中就谈起过。哈默这篇名为《把硅谷带回你的公司》（Bring Silicon Valley Inside）的文章时常被张瑞敏提起，海尔要做能让无数年轻人施展才华的硅谷。

今天的海尔的确有很多有趣的年轻人，而这些年轻人，都是我此前来海尔调研时没有见过的。他们从四面八方来到青岛，有的是跨国公司里的职业经理人，有的是海尔曾经的合作伙伴，有的则压根就是刚走出校园不久，只是想做点与众不同的事。

他们每个人的脑子里都装着奇奇怪怪的想法，且可以逻辑清晰地表达出来。他们熟知资本的运作模式，知道在创业团队里如何激励他人，更知道自己的战略方向在哪里。他们各自的语言范式都有很大区别，也许他们无法准确说出海尔的集团战略都有哪些，但是他们可以对自己手里创业项目的每个细节如数家珍。

显然，他们没有把自己当员工看。他们甚至会像硅谷那些自由主义的年轻人可以随意批评政府一样，在我面前发一发海尔的牢骚。可是他们依然选择在这个平台上创业，因为这里有可以让他们迅速成长的所有资源，社会化资本、品牌积淀、成熟的价值链体系等。

在这些年轻人眼里，张瑞敏不是领导者，而是更像导师。的确如此，也只有导师，才会在每周六的例会上，掰着手指头帮创客们分析每个成长或者下降的数字背后的具体原因。

吴军在给《硅谷百年史》写的序言中，将硅谷成功的原因归结为三点：

1. 先进的生产关系。也就是合理的股权激励，各种一夜之间诞生娃娃富翁的神话。

2. 宽松的创业环境。对创新的追求高于一切，没有哪家公司会在意员工是否在用公司的资源实现自己的梦想。

3. 多元的文化氛围。移民往往带来巨大的活力。

经过了两年的摸索，海尔在事实上已经实现了这三点。

我在调研时，遇到了《沈阳日报》的两位记者，他们想跟我聊

20. 关于硅谷悖论

聊海尔转型。这时，海尔文化产业平台上的一位创客路过，我拉住他和我一起接受采访。他从自己的角度和经验把海尔的创客化做了详尽描述，包括如何实现小微之间的结算、创业团队的股权分配、小微和平台之间的关系、社会化资本如何介入团队等。整个过程中，我在默默地观察，突然间体会到了"海尔造人"的蕴意。

这个年轻的创客叫沈方俊，是一名"90后"。他想颠覆现在的4A公司。据说，自己带着团队从海尔园搬了出去，在青岛的海边租了个小别墅。而像他这样分散在北上广深的创客有很多很多。

如果说硅谷是一个区域概念的话，我想现在海尔的创客运动应该是一个知识概念。让个体自由选择融入的知识体系，从而形成分布态势。青岛海尔园本身则会更像是中国商业思想版图里的一个地标，每天迎来送往来自全球的朝圣者。

如乔治·吉尔德所言，企业最宝贵的财富就是思想。

打破"硅谷悖论"

海尔硅谷化，看似是个不错的蜕变，但这并非张瑞敏想要的最终结果。

对于拉里·唐斯在下一本书要写的主题，张瑞敏用"硅谷悖论"做了呼应。"我到硅谷去问过他们一个问题。硅谷这个地方，可以产生很多创业公司，但是，这些创业公司上市以后，会发展得越来越大，就没有创新力了。到底是为什么？我问了很多人，他们都没有回答出来。"

张瑞敏回到科斯那里，也就是公司概念的源头寻找答案。很多时候，我们都在说张瑞敏要颠覆科斯定理，这次我发现他是想用一次完美的实验来让科斯定理达到理想中的状态。

> 我对科斯非常崇拜。我觉得科斯定理有两个条件：第一，产权比较明晰；第二，交易成本为零或者很小。但是，在传统时代，这两个条件都是不可能实现的——不可能让产权绝对明晰，也不可能让交易成本为零。对科斯定理来说，这两个条件只要满足，就可以达到帕累托最优，资源配置效率最优。我们想，能不能在接近这两个条件时就达到效率最优？

张瑞敏的解决方案，也就是现在海尔转型的两个基本诉求点：

> 第一，三权——决策权、用人权、分配权都给了小微，权力非常清晰；第二，小微要直接创造市场价值，还必须自己去整合全球资源。这就可以使交易成本很低。最重要的还不在这个地方，科斯说过交易成本之所以高，很重要的一点是因为有市场摩擦力。现在，小微没有那么多部门，一下子把摩擦力减到最低，就可以把交易成本迅速降下来。因此，从某种意义上讲，我们更接近科斯这两个条件。

实际上，张瑞敏思考的并不是"大公司"和"小公司"的命题，

20. 关于硅谷悖论

而是如何让公司始终保持创业精神。这是我们在看待海尔的"人单合一"与巴西塞氏企业员工自定薪酬、Zappos 的"全体共治"之间区别的重要指标。

"人单合一"是海尔转型的模式基石，和其他公司的管理创新不同，张瑞敏采取的是市场倒逼的方法，而不是简单地让公司变成个体的游乐场。用创业者的心态去面对市场，永远都是"生存或者毁灭"这样的单选题，就好像身后跟着一只老虎。

只有在确定市场作为无形之手的前提之下，才会真正体会到市场本身具有的"无序"的强大力量。

如何让组织结构在客观上保证创业精神的永存，是张瑞敏思考的另一个层面。

公司在创业初期的精神往往随着规模的不断扩张丧失殆尽，就像张瑞敏曾经问克里斯·安德森的："你的创业公司长大了之后，创客的精神还在吗？"安德森摇了摇头。

张瑞敏提出创客化的目的，不只是将海尔变成投资平台。他希望可以创造一个相对理想的机制，让海尔平台上的小微公司永远保持活力。雷神是这场变革中最早冒尖的小微公司，他们在团队只有几十个人的时候就开始了内部小微化的实验。

小微的小微，这是一个可以无限分解——甚至超越生物学意义上的个体——直接落在知识节点上的组织理念。

我们经常用"成熟公司"和"创业公司"来标识公司的发展阶段。可是，创新的窘境往往就发生在这样的视野区隔之中。

我们都会简单地将开放、无序作为新生事物的标签，将封闭、沉闷作为事物处于成熟期的标志，比如描述初创公司和成熟公司。可在语言和价值观完全碎片化的信息时代里，"大"和"小"、"新"与"旧"这样的规模化定义早已随着时空的重塑被充分解构。

但这并不代表和传统彻底割裂。也许，说工业时代的种种语言特征才是对人类本真的背叛更合适。

美国著名的文艺评论家乔治·斯坦纳在《语言和沉默》里对斯宾诺莎以降的学术语言进行了猛烈抨击，他认为斯氏带来的语言的数学化灾难让我们遗失了一种叫作"人文素养"的东西。因此，他疾呼要建立和传统价值观对话的沟通渠道。

同样，对于作为名词的"管理"来说，也存在着难以名状的"忧伤"。我们虽然奉德鲁克为宗师，在行动上却顺着他反对的斯隆模式越走越远。"管理"在机器的语言世界里跑偏了半个世纪，恐怕这也是德鲁克在晚年心境不佳的一个重要原因。深谙德鲁克思想的张瑞敏提出了"企业即人"。

如果我们选择逃离工业化的语言范式，摒弃"大"和"小"、"新"与"旧"这样的逻辑的话，显然，"熵"的确有可能成为一个划分公司生命体征的全新标准。拉里·唐斯把大爆炸式创新中的最后一个阶段命名为"熵",这是一个在死亡中孕育新生命的阶段。

事实上,美国最为知名的后现代主义文学大师托马斯·品钦最早将物理学中的"熵"引入其他领域。他在颇为诡谲的短篇小说《熵》中描绘了两个截然不同的房间,以此来影射两种社会系统。

三楼的房间里有形形色色的人,他们在一起开派对,看似混乱。四楼则住着一个忧郁的女孩和一只孱弱的小鸟,她用七年时间打造了一个完全密闭的空间,用来抵抗城市的喧嚣。

尽管女孩的空间趋于完美,却依然无法阻止小鸟的死去。女孩最后掀开窗帘,打碎了玻璃,亲手破坏了这个平衡的空间。而三楼那个看似混乱的空间里,人们可以进进出出,开放交往,显得生机勃勃。这是一个开放的系统——人和事物可以吞纳、交流、摄取,熵增和熵减的过程同时交错发生。混乱无序和变化在一种完全开放的情境中起作用。开放的结果是多元共存。

托马斯·品钦在小说的结尾处写道:"她的两只纤纤细手顿时鲜血淋漓,扎在上面的玻璃碎片冷冷泛光。她转身面对床上的男人,和他一起静候那均衡时刻的到来;那时,华氏37度将永远地统治着外部与内部世界;他们那曾经两相分离、独自盘旋着的古怪生命属音将消融于一曲黑暗与永恒静止的主旋律。"

开放者永生,封闭者则一定会在自己营造的完美环境中窒息而亡。

对于组织而言，人的活力就是衡量熵值大小的重要参数。

聊完天之后，张瑞敏带着拉里·唐斯参观了自己的书房，除了那幅大爆炸式创新的图片之外，有两幅书法格外引人注目。

一幅是"无为无不为"，张瑞敏的解释是自己不要亲自干很多事情，而是创造一个平台让每一个人自己发挥作用。

另一幅是"无智亦无得"，张瑞敏的理解是永远不要以为自己是最智慧的，更不要认为自己是成功者。这也是海尔"自以为非"文化的源头。

21. 谁终将声震人间

"境界"这个词常被我们挂在嘴边,但又常常忽略。因为我们被二元的是非观影响得太深,境界低者便论成败,境界高者则论时代。而时代的特殊性在于,它有精密无比的内在逻辑,却又依赖简单的数理思维不可得。一如《中庸》里"打中了"的"中"。"中"是无懈可击的精确,它在一瞬间结合了风速、球速、击打者的心境、力道、速率等一系列要素,但这些可量化的内容根本不可能真的依赖数学和物理公式求得。

不以时下论短长,做企业莫不如此。妙手偶得的精确是看不出来的，但它会沿着时代的走势扬出一条美丽的线条。这就是"境界"，它非"战略"和"愿景"所能比，而更似春风点化山水。

张瑞敏之于作为观察者的我，就像一块关于学问的磁石。他的每一次"打中"，都会在三两年之后得到时代的回应。他从来不把管理局限在特定的文化范畴里，而是始终围绕"时代"和"人"两个变量。

虽然看上去是两个常变量，但我们可以认为"时代"等于"人"。时代之精神，即人之精神。这种"精神"独属于人类，它强调人可以认识并改变世界，但又必须要承认能力的局限性。只有在这个前提下，作为个体的人才可以自由决定自己的命运。"精神"有寻求改造路径、不断描述世界的理性，也一定有安于现状、纵酒当歌的感性。

"精神"之不安分，必然导致"时代"总是处于变化中。所有的管理模式都不是在解决当下的问题，而是面向未来。管理没有答案，因为一旦说那是答案，就意味着探索的脚步到此为止。

十几年前，有人曾问张瑞敏如何看待同时代的一位企业家功成身退。张的回答耐人寻味："他上岸上得早了。"这个细节我是不久前才知道的，但那一瞬间我反而想明白了什么是"岸"。尼采之所以把酒神精神从古希腊文明的废墟中拽了出来，就是因为他意识到了基督教的彼岸是不存在的。我们穷尽一生游向彼岸，这是一个没有

21. 谁终将声震人间

终点的生命循环。我们在岸上,也不在岸上,我们放声歌唱也是在对生命保持最大的缄默。正如尼采所言:"谁终将声震人间,必长久深自缄默;谁终将点燃闪电,必长久如云漂泊。"

企业家的使命便是不停创造新的推动力,他选择面对过去和当下的方式,就是眺望未来。张瑞敏眼里的"未来"是什么呢?

讲一个细节。

一次内部会议上,张瑞敏对高管提出要找到"关键点"。注意,张瑞敏没有说"设计"关键点,而是"找到"。显然,这个可以引爆商业模式的点是已经存在并有待发现的。它一定存在于人们自发产生的行为中。而孕育这类行为的最好场所无疑是社群。

张瑞敏曾经感慨,现在的企业只想着业绩,只想着做行业第一,却根本不知道"唯一"的重要性。我们既可以说他的这个观点"击中"了时代,也可以说并不会被当下的人过于待见。因为,我们正处于一个危机与繁荣相生的大喧哗时代。抢占媒体头条的永远都是舆论制造者,而不是理念制造者。

从"第一"到"唯一",是线性逻辑到生态逻辑的转变,是生命多样性的标志。"唯一"恰恰是靠计划手段不可得的,一来计划赶不上变化,二来"唯一"是个体价值主张的凸显,它是一个主动迸发的结果。

如何让作为个体的用户的价值主张得以迸发?这是张瑞敏对高

管提出的下一个课题——"品牌社群"。用户介入模式，就意味着传统品牌的二元结构发生了根本变化。以前是厂商—用户，现在是厂商—用户—用户的三元结构，只有用户之间形成了连接，交易价值之外的另一个价值才会体现出来，那就是"存在价值"。

互联网时代催生出了网络的交易价值，那么物联网时代就会把存在价值进一步放大，正所谓"不社群，无存在"。

张瑞敏眼里的"未来"只有"用户"，也就是"人"。事实上，这是海尔战略的历史沿革，只不过张瑞敏会努力将其推向极致。他从来不会等待时代，等待就是失去。他经常说，海尔是踏准了时代的节拍，在我看来，正是因为他总能超越当下的步伐，才能和加速度更快的时代如此吻合。

我已经仔细观察海尔和张瑞敏五年了，从是非判断到价值判断，再到努力让自己也做一个不求一时之显赫的人，我也逐渐理解了"人意烂漫，只向桃花开二分"。

22. 消灭时间的人

六月的纽约,雨,顶着太阳,下了又停,停了又下。

我对其他城市有自己的看法,但只对纽约怀有这些一闪即逝的强烈情感、一种越来越难以抑制的思念和阵阵心痛。这么多月过去了,我对纽约依然一无所知,我是置身在此地的疯子中间,还是世界上最理性的人中间;生活是否如美国人说的那样轻松,或者此地的生活是否像有时看起来的那样空虚;在一个人就够用的地方雇佣十个人,而你却并未因此得到更快的服务,这是否自然;纽约人是自由派还是保守派,是谦和的生灵还是死魂灵……

被认为法国当代哲学界良心的加缪，在"二战"后来到纽约宣讲"存在主义"时，发出了一连串"身世浮沉雨打萍"般的感慨。虽然相对同行的萨特而言，加缪赢得了美国公众更多的信任，但他实在看不懂纽约，看不懂这个最具包容态度的城市中，人们的信仰到底何在。

距离那次法国哲学界集体出访美国70年之后，纽约在事实上并没有发生更多的变化。只不过在消费社会的鼎盛时期，"游荡"和"流浪"成为两种并行不悖的城市气质。"流浪者"依然欢愉地在这座城市的每一个角落里吟唱。"游荡者"则像空气一样，弥漫在哈德逊河的上空，他们是福特主义的直接后果，满身贴着企业营销部门为其量身定制的消费标签，乐此不疲。农耕时代的浪漫和工业时代的功利彼此交织，开放与保守并重，繁荣和危机相生。

这一切，都在纽约制造时尚、资本的能力上可见一斑。关于天堂和地狱的想象，仅在一线之间。

在一场耶鲁大学举办的高峰论坛上，来自商界和学界的领袖们，正在言辞激烈地讨论他们认为的下一个对手——中国。

会场的大屏幕上，播放着王健林挑战迪士尼的言论，屏幕之下，人们则使用了"侵略"这个词。即使是万达集团控股的一家美国公司的 CEO，也只能讪讪地说着："王是一个好老板。"显然，就像在媒体上经常看到的那样，美国人欢迎中国的资本，但未必欢迎来自中国的价值观。

这很容易让人担心坐在贵宾席中的张瑞敏。这种会议气氛，是之前无法预知的，不知道会不会打乱张瑞敏此前准备的演讲。而他，一直戴着同传耳麦，仰着头听。

于 1849 年正式开放的纽约公共图书馆一直被认为是代表美国精神的建筑之一。在灾难大片《后天》中，全世界都遭遇极寒气候，纽约图书馆成为人类向自然反抗的最后阵地。这座新古典主义风格的建筑，在将近 200 年的时间里，一直在尽力保持知识的高贵，人们可以自由进出，可以在景观最好的角落读书，可以寻求最后的精神慰藉。

在这个带有强烈仪式感的知识场域中，演讲成为对思想者最高的赞赏。

从图书馆正门进入后，下去一层向左拐，便是以黑石集团主席兼 CEO 苏世民的名字命名的会议厅。推开两扇沉重的木制大门，就像走入了中世纪的国王议会。讨论者分层次坐成圆圈，主持人站在场地中央，把眼神当成指挥棒，不断地制造着现场的矛盾。人们好像已经习惯了这样，一边激辩，一边开着玩笑。

中国资本席卷而来的价值观是否会对美国的价值观带来冲击？

当美国人用"中国最有钱的男人"来指代王健林时,敌意已经跃然而出。而此时的张瑞敏刚刚从路易斯维尔赶来,海尔整合 GEA 交割仪式在 24 小时之前正式完成。

将时钟倒拨。

美国当地时间 2016 年 6 月 5 日下午,肯塔基州的第一大城市路易斯维尔。这里是 GEA 的总部所在地,是 KFC 的发源地,也是拳王阿里的故乡。

我在城市的街道上寻找着售卖香烟的门店,阿里年轻时的照片比比皆是。路易斯维尔的市长说,阿里小的时候就总是在街道上挥舞着拳头,现在的孩子们也差不多是这样,但他们嘴里会喊着"我要成为阿里"!

路易斯维尔的白天和晚上差别并不太大,没有熙熙攘攘的人潮,没有华灯初上时的色彩斑斓,我站在路边,唯一向我打招呼的人是向我要香烟抽的流浪汉。这座老牌工业城市在 20 世纪六七十年代经历了由盛到衰的转变,在设计师们的帮助下,那些曾经彰显这座港口城市威风的工业痕迹被逐一掩盖。

不过,几小时之后,这里再次为世人所瞩目。一篇名为《海尔与 GE 合作尘埃落定》的新闻通稿会出现在国内各大新闻网站上,"由海尔集团('海尔')控股 41% 的青岛海尔股份有限公司(SH600690,'青岛海尔')和通用电气(纽交所:GE)今日宣布,

22. 消灭时间的人

双方已就青岛海尔整合通用电气家电公司的交易签署所需的交易交割文件。今天标志着通用电气家电正式成为青岛海尔的一员。"

一场规模不大,但是颇有西方婚礼味道的交割仪式,将在路易斯维尔的 GEA Park 举办。这也是张瑞敏此次美国之行的主要目的之一。

路易斯维尔的名字来自法国国王路易十六,这位大革命时期最具悲情色彩的君主可能没有想到,他身后的几个世纪里,还会有不少人念念不忘他对美国独立战争做出的贡献。

傍晚时分,我们在路易斯维尔的一家火爆的中餐馆坐下,张瑞敏开始饶有兴趣地就着这个城市名称的由来,谈起了法国的君主制。"路易十四是伟大的国王,但是他统治时间长达 72 年,最后熬到了曾孙即位。路易十五上台后,又是一个超过半个世纪的统治期,熬到了孙子即位。到了路易十六这里,波旁王朝已经站在了时代的转折点上。"张瑞敏感慨"权力"带来的迷惑性和封闭性,它就像一个杠杆,能把一个人的智慧无限放大,也能错失一次次拥抱变化的机遇。

"没有人可以选择一个完美的接班人。"这几乎是我第一次听到张瑞敏主动谈及接班人的问题。《庄子·杂篇·外物》中有"虽有至知,万人谋之",大意是,就算你聪明绝顶,也抵不过万人的智慧。这句颇有"一个诸葛亮,抵不过三个臭皮匠"韵味的话,被张瑞敏多加了一个字，就另有一番深意。

"虽有至知，万人自谋之。你们琢磨琢磨。"张瑞敏抿了口茶杯里的水，对着圆桌上的几位高管和我哈哈一笑。"自驱动力"是他找到的解决接班人谜题的钥匙。无论制度如何变化，只要是在层级组织内，都会存在"等""靠"这样的组织心理，大家总是期望能有一个良性的流程为自己选择一位开明的领导人，但从来不会去想自己来解决这个问题。

企业究竟是一个人的，还是一群人的？在意识形态层面，我们可以轻易回答出来。比如拉里·施韦卡特和莱恩·皮尔森在合著的《美国企业家——三百年传奇商业史》中喊出了"企业的本质是企业家"，我们大可以将其改变为"企业的本质是企业家精神"。但是，在企业治理方面，又有谁可以真的做到这种放弃"朕即国家"（路易十四语）式的个人情怀呢？

代理人制度的终极缺陷依赖于现代性思维无法得到解决。这一点在万科大股东和管理层之间的争斗事件中体现得一览无余。无论是站在王石代表的管理层一方，还是大股东利益一方，都无法让德鲁克在《公司的概念》中提到的"社会责任"最大化。在雇员社会中，即使是知识工作者，也无法解决"没有身份，没有社会个性"的问题。他们被一种公司形而上学所禁锢，即使如王石般达到权力的巅峰，也不过是理性主义的奴隶。这就好像提出哲学终结论的海

22. 消灭时间的人

德格尔们所阐释的,在形而上学的框架里,古典哲学的巅峰同时也是人类最大的悲剧。不跳出这个框架,莫谈"人"之存在,莫谈"时间"的流转。

知识与权力的关系如何,直接反映在组织中,就是知识人与权力机构会有怎样的对立与默契。这是德鲁克在《公司的概念》中着重想探讨的问题。"对立与默契"在事实上并非静止的概念,其进化过程也随着时代的进步正在发生由表及里的蜕变。

从福特宁背骂名,用高薪雇佣工人的双手开始,到杜邦和通用汽车用事业部建制完成执行权力的分散,再到丰田汽车给予产业工人叫停产线的权力,在信息化到来之前,"对立"被消解的进度极为缓慢,以至于很多学术界的学者更愿意拿这些年份久远的理论作为衡量尺度。他们以时间长短,去评判一个概念的生命力,却严重忽略了历史横断面的样本意义。所以,在理论界出现"厚古薄今"的现象也实属正常。

在管理理念层出不穷的互联网世界里,企业界领先理论界几个身位。我们今天读到谷歌模式的时候,谷歌早就变换了新姿态。我们还在捧着读"全体共治"的时候,Zappos已经遭遇了辞职风波。这种时间延迟会造就一种奇特的现象:我们总认为过去的都是经典,是经典的就无须考察其时代背景,进而认为是永恒不变的。

信息化的到来虽不是突如其来,在实践中,却也把企业家们打了个措手不及。这一点在语言尖刻的伍尔德里奇的笔下便有展现。他在《企业巫医》中讽刺各种领导力专家，批评各种概念和名词。但无可否认的一点是，源自传媒和理论界的种种概念创新，展示出了前所未有的活力。如果这些活力是虚无的话，又如何解释企业界宁可冒着转型失败的风险，趋之若鹜呢？

这些管理新概念，也是张瑞敏必读的。他一边品味着书架上的康德、黑格尔，一边努力拓展自己的知识边界。他对新概念的接受度是超出我预期的，有时我甚至难以理解他何以会看某一位作者的书。听他聊得多了，才会隐约感觉到他对所有知识的获取都有一个底层框架和清晰的目标。

这个框架起到的作用，就像康德在《纯粹理性批判》里提到的，人类先验的存在时空观，任何客体经过时空观的转换成为经验留存在认知中。张瑞敏的"时空框架"就是主体与自我驱动力，对应在企业语言中，即"自组织、自驱动、自管理"的三维坐标系。

而张瑞敏的目标和大多数经历了荣辱岁月的企业家一样，是寻找组织的永续经营能力。只不过随着他的知识边界不断被打破，他对组织生命边界的认识也出现了根本的蜕变。"未来还会有企业吗？我觉得你要么做平台，要么被平台拥有。"张瑞敏说的企业不会存在，不是工商注册意义上的，而是针对百年商业史上先后汹涌而出的横向并购和垂直整合的资源组织形式而言。

22. 消灭时间的人

作为平台，企业是大了还是小了？我们该如何衡量这类新物种的生命价值，已经成为亟待解决的新问题。伍尔德里奇在跟张瑞敏交流后，找不到合适的名词，干脆用了"既大又小"这个短语。

事实上，张瑞敏内心是有答案的。

作为新物种的平台组织形式，其网络化的资源组织形式对既往组织扩张模式进行了升维。这就进入了生命边界的讨论范畴。

我曾经在一篇讨论人工智能未来的文章中谈到过"新物种"。就像雷·库兹韦尔所设想的一样，当有一天人类大脑新皮质成为"云脑"的时候，就注定会产生新的物种。新旧之界定，物理意义上在于作为人与动物之间清晰界限的"大脑"。无论是意识，还是精神，皆因大脑的存在，虽然我们尚不清楚大脑的精准运转模式如何。

大脑的能力决定了人的种种能力，或者说大脑的能量边界就是人的边界。当大脑处于云端的时候，这个物种就超越了生物学意义上的"人"，进而成为新物种。而新物种具备的第一个能力，就是"连接"。

工业思维范式下的组织，内在逻辑是层级化，外在逻辑是纵横交错的整合，这是雅克·拉康眼里的"主体间性"在作祟。通俗解释就是，因为有"我"才会有"你"，再通过"你"来映射"我"。比如，上级与下级的关系中，上级有"政策"，下级有"对策"。上级常常在博弈中被"对策"制约。这就是所谓的效率磨损。

对"主体间性"最经典的描述莫过于"我思故我在",因此,拉康向笛卡尔发出了怒吼,"我于我不在之处思"。

"连接"相对于"整合",意义完全不同。前者是一种状态,在这个状态里彼此平等,多方共存,共享话语权。这本身就是"存在",它强调水乳交融。正如马丁·海德格尔所言,世界不是一种现成的空间或场所,而是此在本身的展开状态,它是此在通过现身、领会、言谈等生存机制组建、构成或开展出来的。海尔在此次变革中始终强调的"交互"产生"价值",便是此意。

"交互"本身就是目的,并非手段,也不是为了获取信息,而是把传统组织边界融化,把产消关系放进熔炉,进而产生全新的物质出来。作为过程的"交互"是一个永不眠休的游戏,在这个完全知识化的场域中,知识主体之间可以进行无限制的融合与分离,再融合再分离,参与的主体越多,"交互"的场域就越大,过程中浮现出来的新物质也就越多。

进场者不再凭借传统产消关系和层级关系中的"权力"(power)摆布资源,而是凭借自身的"力量"(strength)吸引资源。前者代表封闭,后者代表开放;前者面向过去,后者面向未来。

总之,这是一次从有限游戏向无限游戏的转换。在张瑞敏心中,平台和企业之间的区别,就是无限和有限的区别。因此,他把詹姆斯·卡斯写于30年前的传世经典《有限和无限的游戏》也推荐给了

22. 消灭时间的人

GEA 的 CEO Chip。而 Chip 一口气读了三遍。

张瑞敏正在带领海尔缔造新的游戏，他也希望 GEA 成为这场游戏的参与者。而海尔和 GEA 也并非"整合"与"被整合"的关系。

张瑞敏希望用这套思路打造出美式的"人单合一"，可以不断把样本数量丰富起来。他在 GEA 总部进行演讲时，向在场观众提了一个问题，如何理解与用户的"连接"。对于平台组织而言，用户即资源，而海尔看中 GEA 的正是沉淀百年的用户资源。

海尔要做的，就是帮助 GEA 进行"连接"。

参观完 GEA 的工厂后，我们登上了一辆黑色商务车。张瑞敏和梁海山几位高管坐在前排，我听到他对梁海山说了一句："这就是龟兔赛跑。"

如果参观过海尔在胶州的互联网工厂，就大概能明白张瑞敏这番话的意义了。20 年前的 GEA 还是现在的 GEA，而 20 年前的海尔早就脱胎换骨。

在美国南北战争之后的 70 年里，大企业来了，"带着低沉的雷鸣——有时还有闪电"。哈佛大学商学院的南希·科恩教授在追溯美国商业史的时候，使用了近乎诗歌般的语言。作为组织形式的大企业是技术的后果，相比较于个体商户，其开放性是由一种叫作"铁路"的技术工具决定的。

但并非所有人都对"大"心怀憧憬。虽然我们都知道美国在 20

世纪70年代的反大企业运动,但事实上,对"大"的担忧早在其产生之初就已萌发。美国人对"大"的感情一直是矛盾的。这一点的确和中国人的"大强"心态不同。

科恩教授写道:"自19世纪末以来,数不清的企业家怀揣过缔造能够领导市场、影响社会的大企业的梦想。但无论在过去还是现在,都有许多人质疑大企业的实力整合。与此同时,在过去150年里,随着大企业的成长与改变,工人们必须以更一般化的视角重新想象自己在组织和社会中的角色。这通常不是一件容易的事,不管从实践还是从情感上讲都是如此。尽管有着这样那样的成长烦恼,但我们并没有回头路可走。企业的壮大就在我们眼皮底下发生。"

科恩教授笔下的"壮大"具体体现在五次合并浪潮上,这是铁路和大企业共同催生的华尔街的力量使然。在被称为"黄金年代"的20世纪20年代末,创业潮和大企业兼并潮相继奔涌,GE正是在潮流中开始生产家用电器的。虽然爱迪生在世期间,对GEA事业部一直不满,但GEA几乎成为家电的代名词,在美国公众心中有着至高的地位。就像一位在路易斯维尔开餐馆的台湾人对我说的,他来美国30多年了,每搬一次家都要换一套家电,无一例外都是GEA的产品。

GEA的美誉度受益于GE,而GE在中国的美誉度则受益于杰克·韦尔奇。张瑞敏对GEA的员工演讲时说,GE曾经是海尔学习的榜样。这不是谦虚,而是事实。在张瑞敏的管理思想形成过程中,美式管理和日本管理都曾产生过巨大的影响。其中,所谓美式管理,就是以 GE 为代表。

"海尔跟 GE 学过三点:战略上,数一数二;组织上,淘汰最后的 20%;管理工具上,六西格玛。"这三点几乎也表征了 20 世纪 90 年代美国大公司管理的最高境界,但并不意味着这是永恒的正确。虽然韦尔奇意识到"无边界组织"的趋势,但职业经理人出身的他却没有把这头大象向新时代推进。

曾经领跑整个工业时代的兔子,休息了。

兔子休息了,乌龟却不断前行。在胡泳教授和我共同编著的《张瑞敏思考实录》中,可以通过张瑞敏对外交流的内容变化,很清晰地看到海尔变革的进程。从抱着学生心态学习,到和一流管理学者们切磋,再到被请教,海尔在管理创新上的探索从未停止,而且一次比一次剧烈。

我们回过头来看科恩教授对大企业的描述,会发现技术对组织的作用力是矢量,唯一的方向就是开放。如果说铁路让个体经营者开放为大企业的话,信息技术则让大公司具备了进一步开放为平台的可能性。

美国人对"大"的纠结在 2008 年金融危机之后,再一次体现为集体焦虑。从"大而不倒"到"大而必倒",没有什么是永垂不朽的。企业的命运究竟掌握在谁的手里？这是对华尔街的质问，也是对现代公司治理制度的一次反思。

张瑞敏在 GEA 演讲时，努力传达一个信号：这家公司的命运掌握在 1.2 万名员工手里，海尔不是来控制他们的，而是帮助他们掌握自己的命运。这番话落在理论上，就是企业在从 0 到 1 之后，就要学会从 1 到 N。在这个理念上，张瑞敏受到了普拉哈拉德的"1＝N，R＝G"的启发。

Chip 在休息室里说，有 GEA 的老员工对他讲，已经 15 年没有听到这么激动人心的演讲了。

向死而生

参加完 GEA 的交割仪式，张瑞敏轻松了很多，在车上，他开起了关于"权力"的玩笑。他说，在科层制里谈放权，大部分都是口号，当你真的想接住上级赋予你的权杖时，上级会说："给你，你还真敢要啊！"车里的人大笑。

"权力"是有限游戏向无限游戏转化的障碍，因为它带有强烈的"被动"意味。"被动"即禁锢。

将视线调回纽约图书馆。

终于轮到张瑞敏演讲了。作为本届"传奇领袖奖"的获得者，张瑞敏讲出了让现场所有人安静的一段话，而这种安静和前一秒还

22. 消灭时间的人

很诡异的气氛形成了鲜明的对比。

第一个就是感谢。感谢峰会能把这个奖授予我,因为这是对我工作成绩的肯定,但是最重要的,我想是在这个时间、在这个时机授给我,我觉得是非常有意义的。因为海尔正在进行一个摧毁大企业科层制的创新,也就是说我们把海尔内部的科层制去掉,并且取消了一万多名管理人员,把这个组织变成一个网络化的组织。因为在全球大企业中没有这个先例,所以说受到了很多的质疑,工作也遇到了很多的困难,但现在把这个奖授予我,等于说是对我们工作和探索的一种肯定,我们会继续努力去做。

第二点就是感悟。传奇领袖是一个非常非常高的荣誉,但是作为个人来讲,如果哪个企业家认为自己就是个传奇领袖,我就认为他应该去看心理医生。因为美国伟大的管理大师德鲁克有一句话,他说根本没有成功这回事,所有的成功都是我们引以自鉴的镜像,所谓的成功,不过是证明我们自己的能力,像镜子里面的镜像一样,是真实当中永远不存在的。所以说根本没有传奇的企业家,我们要做的就是搭建一个传奇的平台,搭建一个创业的平台,让所有的员工在上面创造属于他们自己的传奇故事。

以上是张瑞敏的演讲全文，其中传递出两个信号：第一，海尔的变革是具有普适意义的，因为它针对的是科层制这种普适现象；第二，英雄创造历史，但英雄的称号并非一人独有。与其说张瑞敏是"传奇"，不如说面向未来本身就是一件"传奇"。

在《有限和无限的游戏》这本书里，卡斯写过如下一句话："权力只是有限游戏的特征。它不是传奇性（dramatic）的，而是剧本性（theatrical）的。"我的理解是，"传奇"是动态随机的，"剧本"是套路重复的。如果我们预设了"英雄"，那么文本就产生了彻底的封闭效应。而互联网带来的最大启示之一，就是超文本效应。没人可以预料最终的结局。

"绿杨村"是宁波人开的本帮菜馆，在上海颇具名气，其在纽约第五大道附近的一家分店也是生意兴隆。这是张瑞敏每次到纽约必去的餐馆。

2016年1月，张瑞敏率领高管到GE就整合事宜进行交流时说，如果这次成功了，就一定还来这里吃饭。我们一走进饭店，看到老板早已预留好了一张圆桌。

张瑞敏解下了那条象征一帆风顺的蓝色领带，吃了一口小笼包。在这个本应该放松的场合下，我不合时宜地问他，既然平台是未来的话，我们以往对公司进行规模化区分的方式会不会变？

张瑞敏说，"负熵"和"正反馈"会是平台型组织的两个基本标

22. 消灭时间的人

准。一个是物理学名词,一个是控制论术语,但两者的指向一致,让系统充满不确定性。而不确定性正是创新的前提。

对确定性的追求,是因为对死亡的畏惧。对不确定的追求,则是对生的追求。就像前文说的,真正的企业家都有让组织获得永生的诉求,只不过是在畏惧中等死,还是在无畏中求生的区别罢了。

"向死而生"是张瑞敏很爱引用的海德格尔的一个观点。从字面理解,很容易认为是置之死地而后生的意思。如果了解存在主义哲学的话,会发现这四个字背后是关于"思"最终极的追问。

在海德格尔的哲学里,"存在"代表本真,只有"存在"进入时间中的时候,才会成为具象的"存在者"。比如,"我是郝亚洲"这句话中,"是"是存在,"郝亚洲"是存在之物。后者因为在时间中的"挂念"而进入失真状态。如若回到本真状态,就要切断烦恼,让时间自行消失。此时,"思"便开始发挥作用。

对于人而言,促使其主动进入本真状态,回归到价值本身进行严肃思考,就要将"死亡"这种确定性的可能性,拉到其面前。没有了"时间",也就不会有"死亡"。

这是一种高度抽象的哲学解释,我不知道自己是否表达准确。从个体到组织,我们依然可以认为,只有组织在面对死亡的时候,才会真的追问其存在的价值在哪里,"追问"是活下去的根本动力。具体来说,就是要时刻用德鲁克之问来审视自己。

215

时间，对于平庸的企业而言，是强大的敌人。对于卓越的企业而言，它并不存在。

雨后的纽约，一个上午，张瑞敏约了我们几个年轻人一起去中央公园散步。一个多小时之后，他已经甩开我们至少半个街区的距离了。

纽约自身就像一档热闹的时政新闻节目，有时，时代的接口就隐藏在这些热闹之中。我们在特朗普大厦下，见到了特朗普本人正被记者们围追堵截。在美国全国广播公司（NBC）的楼下，遇到了白宫的特勤车队，原来奥巴马正在录制节目。

这是一个充满不确定性的时代。

23. 张瑞敏的大数据观

在案例分享会上,张瑞敏针对有的创客提出"数据大,价值小"的问题,做了如下解答:

大数据确实很重要,大家都觉得重要,但在用的过程当中,其实有很多误区。我们搞了好几年,我自己把它总结为三块:第一块是"流数据",要"快";第二块是"小数据",要"准";第三块是大数据的发展方向——区块链,这个要求就是"信",信任。

首先说流数据。所有的数据,如果只是停留在那儿,则分析没有任何价值。它必须是（围绕）服务的对象完全、快速地流动起来。比方说，电商或者支付宝就可以非常快地满足你的要求，这就是电商顶掉很多实体店最关键的地方。你看，桌面互联网解决了信息不对称的问题，移动互联网解决的是速度问题。特别是物联网，要让数据快速流动起来，用户才觉得有价值。比方说，我们现在的所有数据，对一个普通员工都可以在每个瞬间告诉他，"你干了多少好的，多少不好的，今天到现在为止，可以拿到多少钱，可能损失多少钱"。我们兼并了美国GEA，它应该是很好的公司，但它的信息化太差，根本做不到这一点。所以，这才是所有做信息化的第一条。

要想让数据流动起来，就要做并联的生态圈，要保证没有一个数据是孤立的。

第二，大数据的本质是小数据，它指向的是个性化需求，是一种"精确"的到达。如果不精确，就不可能产生用户的终身价值。互联网经济发展到下一步一定是物联网，体现为两方面：共享经济和社群经济。

社群经济是什么？就是到每个用户。物联网让每个用户获取自己的个性化需求、个性化体验。每个用户都应该按照他的数据为他量身定做。所以，互联工厂，互联到什么地方？互联

23. 张瑞敏的大数据观

到用户。我们的互联工厂，如果用户要进来、要定制的话，我们可以让用户在手机上看到它是为你定制的，从设计、制造，到包装、运输的所有阶段，你都可以知道。这种体验和到商场去买一个产品的体验是完全不一样的。当然，现在做不到这么多，可能20％支持"用户定制"，另外还有一些是"客户定制"。但不管怎么样，50％～60％不再进仓库，直接就到用户手里去了。现在大家都想搞自动化，自动化只是解决了高效率问题，解决不了高精度的问题。而小数据，以每个人为中心的小数据，才是解决高精度问题的，是定向的。我觉得这是它很重要的一点。

第三，大数据的目标是区块链。其实，全世界第一个做出来大数据的是谁？是在1970年，差不多半个世纪前了，IBM建造了全世界第一个数据库，从那之后开始有大数据，但那个时候还没有互联网的发展，所以做不起来。现在，大数据再往前做，很重要的一个就是它一定要解决信任的问题，区块链就是解决这个问题的。区块链主要是分布式记账，而且是去中心化的，可能就会把现在一些大数据的东西取代掉。比如，德勤，最大的会计师事务所，它的业务里有1/3以上是审计，区块链再往前发展，它就完蛋了，因为不需要它审计了。将来一个上市公司的报表，不需要一个季度一个月地来公布，每天都可以看到。为什么？原来中国记流水账，单式记账，后来意大利发明了复式记账，但区块链会三栏式记账，这个三栏式记账等于把所有的过程都记在里面，没法造假。所以，这真可能是大数据发展的一种方向，当然可能不会马上到来，毕竟它的基础应该是数字化货币，比特币或者怎么样。

关于大数据，我自己总结，第一个是"快"，第二个是"准"，第三个就是"信"。根据这种原则，我们自己现在推进的是，一切都是为满足用户的需求，一切都是让用户体验可以迭代。这可能真的是物联网发展最核心的，因为毕竟现在很多竞争还是属于传统的，比方说打价格战或者采取什么措施，但是，最后的竞争一定是你能不能获取用户的信任。所以，社群经济可能是最重要的。像凯文·凯利说的，"将来最大的电商一定有最大的实体店"，就是说，如果没有体验，（电商）（将来）根本不可能存在。美国现在有一个说法，"不是O2O，一定是O+O"，一定是线上线下的结合。从这个角度来讲，如果大数据不是以用户体验为中心，虽然不是说没有意义，但失去了一种方向感，失去了一种基础。所以，我们现在做的，包括互联工厂，包括数据分析，从内部来讲，就是到每个员工；外部来讲，到

23. 张瑞敏的大数据观

每个用户。然后,把每个用户、每个员工创造的价值联系起来,这就是我们所说的人单合一。

"快""准""信"是张瑞敏总结的大数据三原则,更应该看到这是支撑未来商业模式的思维导图。"快"的背后是对线性流程的颠覆,所有的数据既要实时,也要共时,这是解决传统流程中数据孤岛的途径。"准"的背后是对数据流向的解决方案,也就是说数据价值如何产生用户价值。"信"的背后可能是后电商时代的核心竞争力,"诚信"。解决诚信问题,不是仅仅看结果,而是要从过程看起,区块链之所以被关注,就是因为它是一个动态的分布式体系,没人可以操控。

24. 不二

何谓价值？这个问题似乎一直没有得到回答。尼采在《重估一切价值》中提出那个将我们固化在世俗中，却内心并不尊重的"上帝已死"。在尼采看来，价值是一个与生命有关的概念。价值的状况，就是生命的状况。重估一切价值，就是重估我们生命的条件。

价值之于商业活动，便是关乎在此活动中的一切人的生命状况。这里的"生命"具有更宏大的意义，它是一种尼采式的体验，将被异化的生命重新用产品的形式植入自己的人生场景。换言之，价值必须要被重构。

24. 不二

价值若被重构，就意味着在两个认知层面必须发生革命：第一，改变传统的冰冷的商业模式构架，将用户价值置于整个模式循环体系里的中心位置。这就意味着，"人"的概念取代了"效益"和"规模"。第二，"人"的价值包含了用户价值和员工价值。如何在两者之间彼此划等号，是企业在未来一大段时间内要解决的创新难题。这个难题的解决是商业模式创新和管理创新的联动过程。换句话说，没有无边界的管理模式，就一定无法支撑起以用户价值为中心的商业模式。

也许我们可以更激进一些，认为管理模式和商业模式的边界正在日益模糊。

我们往往认为商业模式是根本，管理模式是用来驱动组织完成商业模式运转的。如此，管理的目标就成了分工论下的那一份数字。整体数字摆在那里，大家完成自己区间内的那一笔就好了。1+1=2，这里并没有个体价值的充分发挥，或者说这只是一个关于个人产值的预设。你只要坐到这个工位上，你的产值就早已注定。

我将这种产值称为"僵尸产值"。

这其中涉及一个根本问题，管理到底要为什么负责？为运营负责，显然是一个极为短视的大工业论调，一旦运营的目标和时代错位的话，管理就是错上加错了。而运营要对商业模式的结果负责，却无法对商业模式的对错负责。

管理模式在反哺商业模式，这是因为管理模式中一旦有了人的影子，人自身的知识能动性必然会牵扯到商业模式的构建。"人"是管理模式和商业模式的熔点。

人的价值的落脚点在"幸福"。因此，张瑞敏在周三案例分享会上说："组织的目标不是追求和谐，是让平凡的人做出不平凡的事。在传统组织结构里，这是不可能实现的，因为大家没有使命感。我希望可以不用GDP来考核员工，而是幸福感。幸福感是什么？就是价值感。"

存在即幸福。

这里的"价值感"对应的是"存在价值"。这个词好像一把利剑，直接将传统的产消关系劈开。在张瑞敏提出的"品牌社群"中，用企业/社群/用户的三元结构取代了企业/用户的二元结构，其本意在于让被压抑很久的"存在价值"得以喷发。社群不是关系中介，而是关系共生系统。张瑞敏对这种共生的理解是"不二"。他用佛教中的这个术语来解释新的产消关系，"鱼水不二"，鱼是鱼，水是水，鱼水在一起就是"一"。"我们和用户的关系就是鱼水关系，是人单不二"。

"人单不二"的下一步就是生态圈利益相关方的价值最大化，这是在共生关系之上生出的互生关系。

海尔的"人单合一"模式最大的价值在于解决"劳动异化"的

问题，如前文所讲，要让被异化的生命回归。张瑞敏总结了三种主流的管理模式：泰勒制强调的是控制模式；精益思维强调的是准时模式；生产至上强调的是做大做强的GDP领先模式。这三种模式奉行的都是企业本位主义，而非用户本位主义。这也是"异化"的根本原因。

海尔模式之所以有可能超越这三种主流管理模式，正是因为这是第一次超越主/客体思维的管理模式，其基本诉求是让人人的价值得以实现。

25. 观自在三章

回到事物本身

唐代张若虚有诗云："人生代代无穷尽，江月年年望相似。"这般浪漫在《心经》中便是"乃至无老死，亦无老死尽"。这是不是说自然风景可以长久驻留，人一旦进入"无"的境界，也可以寻求生的极限呢？

恰恰不是。在汉语中，"长"与"悠"的内涵不同。"长"是时间的度量，有始有终。"悠"是精神的描述，超越物理学上的时空极限，旷然、豁达。这就好比"度一切苦厄"的"度"，这既不是横渡长江的空间征服，也不是欢度节日的时间愉悦，而是精神的向往。

春江花月夜，江月有亲，精神便不孤单，哪怕身体会消亡。"悠"之意便在于此，我2017年冬天在日本独处时，有此感觉。几日前在美国一个叫葛底斯堡的地方，亦有此感觉。

随张瑞敏来到此处，一下车便是空旷的美国南北内战古战场，我们几个观光者站在无边的天际之下，颇有"天地悠悠，过客匆匆"的感觉。距离林肯遇刺已一百五十年有余，美国人心中都有一个说不尽的林肯。纵然有过声势浩大的"神化"运动，也有过近当代的解构与再建构，林肯始终都是一个取之不尽、用之不竭的资源。人虽亡，但不会尽。林肯留存在连少儿都会背诵的名篇中，在美国独立、自由和平等的精神塑造中，在一万六千种著述和一百三十余部电影中。

这是西方科学主义无法解释的问题，实体归入尘埃，精神在时空转换之后却逾发强大。在古战场处，那几尊古炮显得多余，颇煞风景。南北战争是一场关乎信仰和制度的战争，刷上新漆的古炮有如一个稀世珍贵的元青花被一个不懂行的新手涂了粉彩，物尽与凋零是天时，自可不必干涉，恰恰著物之上的魂魄挥之不去。

魂魄非鬼神之解，而是"八识"中的最后两个"末那识"和"阿赖耶识"，都是超越生命本体的强力，也许对应到西方哲学中的

"回到事物本身"更能明了。超越僵化的本质理念，从有限的时空中寻求无限，无限便是无尽，是"悠悠千载上"。这种感觉，倒是在高达十几米的林肯雕像的头部，向外望去时油然而生。林肯的视线前没有任何遮蔽，一眼下去，便是八千里路云和月。

张瑞敏颇解"亦无老死尽"的含义。他说中国文化中有祝长者长寿的意愿，其实是表错意了。死而不亡为寿，千古以来，寿者无几，林肯便是其中之一。我曾有过不解，林肯之无尽乃后人叠加所致，这是林肯的本来吗？

美国史学界始终有两个林肯，一个是"不情愿的同盟者"，一个是"伟大的解放者"。早期的林肯是个温和的反奴主义者，其本人亦对黑人有隔阂。随着其政治命运的不断开拓，他逐步将废奴主义与美国的联邦自由相融合，并最终转变成了坚定的废奴主义者。在美国历史学家方纳的笔下，林肯是一个善用"势"的人，他知道何时独断专行，何时听取民意，何时不露声色，何时振臂高呼，他善于演讲、长于提炼。林肯之伟大在于有非同一般的"成长能力"，也就是实践智慧。他被环境推到了一条道路上，他自己却也能很好地把这条路走下去。

我自无心于万物，何妨万物常围绕。林肯还是那个林肯，那个顺应时代趋势，不断调整自己，用尽办法获取机会的大个子。你若说他一开始就是个有为青年，意欲改变世界的强力人物，倒是著了相。如果真的怀着这般想法去行事，恐怕到头来也是镜花水月。也似这半年的我，被眼前和耳边的杂扰诱惑却不可得，心生痛苦。与张瑞敏倾诉，他便说"放下"，不必执著于结果，行事之前先放下成与败的执念，尽力去做，坦然面对任何可能出现的结果。

许是他担心我一时无法理解，在我37岁生日那天，送了一副耳机于我，鼓励说"排除干扰，安静地写作"。恰在前两天看到有人谈论"逆商"，即面对逆境的心智，鲁迅那两句"破帽遮颜过闹市，漏船载酒泛中流"也是最好的注解。

心有所住，即为非住。应无所住，而生其心。

兼收并蓄才可自成一家

除了珍珠港事件，美国在本土经历过两次重大战争。如果说南北战争是一次深化理念的战争的话，在此之前的独立战争则是确立理念的战争。南北战争中诞生了著名的《废奴宣言》，独立战争中诞生了《独立宣言》。"人人生而平等，造物者赋予他们若干不可剥夺的权利，其中包括生命权、自由权以及追求幸福的权利。"杰裴逊写在《独立宣言》中的这句话奠定了美国人的精神基调，而赋予杰裴逊、华盛顿等人有如此勇气和见识的，则是一个叫托马斯·潘恩的英国贵族。

这个英国人写的一本名为《常识》的小册子当时是北美大陆的

畅销读物，二百五十余万人口中，每五人即拥有一本。英国人告诉这片广袤土地上的人民，要努力争取自由，不再被英国统治。"自由"之念如幽兰弥漫，在十三个州的空谷间沁人心脾。如若说潘恩是美国的精神之父，怕是无人反对。

直到那次会见结束，我才知道和张瑞敏交流的那位女士是潘恩的后人。说起来也是有趣，在进入新世纪后，哈佛商学院一直呈现出老迈之态。波特的竞争战略理论风光不再，唯有克里斯坦森的颠覆式创新独撑门面。当下中国工商业迅猛发展之态势，如火箭冲入云霄，势不可当。这般情形下，自然也会泥沙俱下，各种观念创新也有霄壤之别。关注中国工商界即关注最具前沿的探索，关注中国工商界中有真本领的企业与企业家，更是有可能会汲取到西方数理思维建制下的管理观念中不可能产生的思维营养。

哈佛在新世纪没能如斯坦福等美国其他常青藤院校产生更多观念指导，和哈佛的诸位教授始终看不到中国工商界之价值有极大关系。潘恩女士是个异类，如她的家族长辈一样，是身在此处却反对此处的觉醒者。她观察到了二分论之下的官僚等级制度的弊端，并不断在全球范围之内寻求破解之道。而她和张瑞敏的交情，也已有二十年之久。

彼时，张瑞敏用文化这个看似虚无的工具敲醒了一只"休克鱼"，即使在今天看来，依然有惊为天人的美感，似中国山水画中的泼墨，写意地挥出去一笔，落下来也是点点山水，辉映成趣。

张瑞敏打造海尔文化，亦从工厂管理中最根本的人的行为开始。今人会嘲笑这些，好似谁人不知在厂内大小便是不光彩的，是明令禁止的。殊不知，人之行为约束在于文化的持久力。福特汽车在痛心关闭自己第一家工厂时，就已经昭示了人的行为一旦失去文化的震慑，会有多么惨痛的代价。据说，那间产生流水线思想的工厂在日后，也几乎成了工人们的鸡鸣狗盗之所。

西方文化中的数理思维走到极致，亦不过是矩阵思维——官僚等级的衍生品，却无法解决人如何在市场组织内获取自由的难题。算得太多、太满，失去了空的余韵。而人性之美妙，恰在于这余韵之中。中国文化产生系统论，《易经》所倡导的神无方物无体，才生万物。万物之变，在于卦象爻位。

管理问题并非用科学主义便可迎刃而解，用数字和理性做决策，至多成为一个好的追随者。但感性也绝非决定变量。如若非要给管理画出一个至高境界，我看非"机缘"不可，时到机不到，机到时未到，最后的失败要么归咎在战略上，要么归咎在组织内部。为难的地方在于，这是一个用管理方法无法求得的状态，莫不如"应作如是观"。

企业在社会环境中运行，自成系统亦是系统的一部分。如若用水论，企业与环境之关系，如江河与大海，江河又分支流，支流更生出支流，无穷尽。"上善若水，水利万物而不争"，张瑞敏把老子这话放在企业理念的首位，便是系统思维的顶层设计，对应了西方詹姆斯·马奇教授讲的"生态思维"。

几年间，一直有关于张瑞敏管理思想到底来自何处的种种揣摩。时至今日，张瑞敏站在系统论的高度，定会有人说他是老庄思想的继承者。如后人对林肯的各种附加，在我看来，这定式的判断就很不老庄。

20世纪80年代中后期，中国的工厂管理尚不能称为管理，"运动"的风头仍在，如何管物、如何管人、如何管理计划，这些都像是天外之物。因为日本公司的风头一时无二，中国工商界在管理启蒙上接受了邻居的影响。青年张瑞敏也曾挤着火车到济南去听日本管理者的布道。进入90年代，通用电气在韦尔奇的统帅下，经历十年变革走向巅峰，六西格玛、平衡计分卡这些西方管理工具进入中国。产业模式具有相似性，海尔彼时的目标就是通用。新世纪开端，张瑞敏又主动接受了大量前沿网络观念的成果。这所有的吸收过程，都是伴随着海尔在时代中的成长，张瑞敏在管理实践中的不断调整和精进。走到系统论，便是水到渠成，浑然天成。因为包容和应变本身就是中国文化的底色，兼收并蓄才可自成一家。说到底，有实践智慧的人才会说出"没有成功的企业，只有时代的企业"这样振聋发聩的观念。

25. 观自在三章

在意象上,张瑞敏创的"人单合一"好似李小龙创的"截拳道",不拘于形式,思想上成熟的觉悟,以水为本质而进退。"截拳道"从来不是招式,往往被后人称为"武术哲学"。

中国文化的强力在于变和通,但很少有人提及这前提就是"一"。这"一"是提纲挈领,是水之源。"执一不失,能均万物",有"一"便可从容挥毫,写意留白。对于企业而言,"一"便是"人"。那纸上的墨迹是物,是可视不可动的。留白处则是人,"唯其空,便能包容万物"。人与物要统一来看,缺一不可。

这正是西方数理思维下管理理念的不可能之处,物形的工具早把画纸填满,层层等级和繁琐流程也不允许留白的出现。如何作为?

在两分法之下,股东代表公司利益,和用户利益泾渭分明,喊出"股东第一"也是无可厚非。毕竟总有一道厚厚的院墙,把企业隔绝在社会系统之外。在系统论之下,"执一"便是把握"人"的价值所在,员工是人、用户是人,一如江河湖海、连理枝。能喊出"员工第一"实属智慧,更需勇气,潘恩教授云,在美国,股东的控制力正在逐步强化。而张瑞敏在二十年前,就有这"用户第一"的念头。

为用户创造价值的是员工,只有让员工像用户一样思考,才可创造真正的价值。这个过程也是员工实现自身价值的途径。实现此理念,唯有把紧密、夯实的层级变成灵动、多变的网络。用人与市场之间的多变关联在画纸上做留白，每个人都有属于自己的留白，这便是大写意的境界。

这般构想与实践，断不是工具所致，而是文化之功。

1771年，潘恩教授的先人用自由唤醒了北美十三州，247年之后，潘恩教授的朋友张瑞敏在用自由唤醒美国的大公司。

自由如水，水去无痕。

企业家的原动力

我有时会回想起这次去美国的经历。自己仿若一个本无方向的浮萍被一阵清风载了一段，画出了一道曼妙的时间弧线。于林肯处，思无尽；于哈佛的风雪中，寻自由。如此自由的意境在张瑞敏的哈佛演讲中已经寻得一二。他用杰斐逊的那句话做了收尾，便也道尽了做工商实业的至高境界。说是至高，一来是因为他所探索的是西方文明中的不可能，二来是他的探索没有踏空。须知，这后一点至关重要。如果说近半个世纪以来，有哪个公司可以把时间吞噬、使势与时两个层面保持10年以上的变革节奏的话，韦尔奇时代的通用算是半个，张瑞敏的海尔是一个。没有贬损韦尔奇之意，在功绩层面，他当属全球顶级执行官，只可惜那无边组织的理念只落得半截工程。张瑞敏的能力在于以文化视角统领工商业的管理实践，带来的必然是范式的改变。我的恩师、北京大学胡泳教授在哈佛的树挂

25. 观自在三章

下密授于我，思维也好、范式也罢，都是小词小意，并不能准确表达张瑞敏的管理实践。他说："管理语法可好？"

长久以来，横亘在管理大师们心头的"核心竞争力"观念像隐形天花板，突破者可大成。大卫·梯斯率先发难，提出了动态理论，后被斯坦福女教授艾森哈特发扬入战略理论中，冠之以"边缘竞争"。所谓"边缘"，即应时因势而变，时间在企业生命中不再具有刻度功能，而是似唐古拉山之水，有所住亦无所住。西方用"模糊"来表达此意，东方可能对应的是"无"。至此，竞争理论出现了两大流派，彼此争吵数年。波特认为，企业要先定位，要先知道做什么才能去做，所谓谋定而后动。边缘竞争或者超竞争学派认为，企业不可能提前知道做什么是对、做什么是错，所以要随机而动。

张瑞敏超脱于流派之争，他既不认为企业无法知晓未来，也不认为企业相机而动会失去方向。这便是"执一不失"的威力。洞见人的价值须得到释放，即企业的战略一定是用户价值在一个鲜明的时代中的特殊释放方向，企业如何到达这个方向。比如海尔的方向就是具有集成效应的创业平台。但集成过程是不可知的，中国的发展速度之快，用户认知迭代之快，颇有"中国大陆一天，欧美十年"的况味。此过程便交由员工来完成，每个人成为自己的CEO，谋事在人，成事在平台。

所谓卦象爻位，即在一个统一的前提下，万变不离其宗。对于企业而言，卦象即市场，爻位即员工。

在美国时，我有时会调侃自己，因为不顺遂就变得"无欲无求"了。张瑞敏听了进去，当时他没作声。第二天、第三天、第四天，他都在用各种机缘点拨我。从纽约去哈里斯堡的路上，我们中途下车到休息站的超市买些零食，张瑞敏站在我身边打趣："饿了吧？看见这么多吃的，还会无欲无求吗？"

欲和求，说来便是认识自己的结果。我认识不到，随时会气馁，会怨天尤人。张瑞敏说我没有小欲小求，有大欲，却自己不承认。不承认就是没有放下。潘恩教授问张瑞敏一个问题："企业家的原动力是什么？"张瑞敏回答："对企业的认识，对自己的认识。"我试着把这个回答做了统一，"认识自己与企业之间的关系"，或许这样对工商企业界的人帮助更大。

我曾经反复思考过这样一个问题：企业家是把盈利作为了目的，还是作为了结果？这是一个因果次序的思辨。如果企业家不把盈利作为目的，而是作为了结果，那么企业家做企业的动力在哪里？这也是马奇教授曾经讨论的问题，如果企业家是一个显赫的血统传承的话，便是对身份的认可以及由身份带来的使命的追寻。

盈利为因者，边沁主义的后果，亦是西方管理工具产生的初始设定。盈利为果者，人性观的胜利。后者如春秋时代的宋襄公，西方骑士时代的堂吉诃德。

张瑞敏面前没有风车，他亦非挑战一个有形或者固化之物。他对哈佛学子讲，企业是他的试验场，管理是平淡、枯燥的，若有乐趣，也是探索的乐趣。他在探索什么？我试揣度：上善若水。

在我生日时，张瑞敏寄语于我，"心如止水，方能无欲无求"。

我何以用"观自在"来归纳三个小篇章？一如我述，观是从眼至心的通畅，古人有观乐，而非听乐。再一次随张瑞敏出国，没有了第一次的全程紧张，松弛之下反而更能领略到他于小节中的智慧，我把自己置于张瑞敏访问"系统"中的一部分，便可从眼至心地生发愉悦。"自在"不同于"自由"。自由是一个法律修辞，自在则为人生修为。张瑞敏的"自在"便是我的"观"后感。

26. 你若是芙蕖，就在红泪清露里盛开吧

我说我最近心安了，这半年难得清净，全然没有了物质匮乏的焦虑和被各种文章要约咄咄相逼的窘境。我将其归功于 2016 年的日本之行和 2017 年的美国之行，但一位大哥说我还是不安，因为我总是借助于外力，如圣人的言行、老师的点拨、书本的教诲。有时却难免看不到世俗的一面，或者刻意回避世俗，反让自己像是一个在云团里激进行走的人，脚步看似在移动，实际却总在踏空。

禅宗里有"日日是好日"的说法，消极的人生里，这就是得过且过的意思。在有况味的人生里，这每一天就该是水深火热，于成

26. 你若是芙蕖，就在红泪清露里盛开吧

败间度过。2016年夏天，我有一次在飞机上和张瑞敏相遇，碰巧还坐在了一起。聊了一路后，他问我是不是没有订车。我说是。他便让我搭他的车回了董事局大楼。我要去四楼，他就把我一直送到电梯，然后再去自己的办公室。前几日，我遇到了张瑞敏的司机。司机师傅说："张总真的很勤奋，上次接你们的时候我以为会直接把张总送回家，谁知道他还是要去办公室。那时真的挺晚了。"

我前几日在复习海尔在20世纪前十年的变革，看到张瑞敏的一段话，大意是，做企业就是每天都处在水深火热之中，尤其在中国。海尔刚创业的时候，要学习怎么管理工厂，要学会跟方方面面的关系打交道。随着市场经济越来越深入，企业受环境的影响也越来越大。不敢有一天松懈，不敢有一天不去思考生死问题。

企业今天还活着，其实就在死的边缘。有人问和尚："十五日以前不问汝，十五日以后道将来。"和尚说："日日是好日。"这十五日是代指，指过往。过往是好还是坏，就是心态上的骄奢和胆怯。若想如一个新人般面对今日，就要放下对过去的留恋。同样，未来可期却不可盼。我并不看好贝索斯在山顶造万年钟的行为，企业看着时间度日，如同人知道了命运的结局，无论这结局如何，你对自己已经有了格式化认知。这类认知是结局有形的"器"，所谓形而上谓之"道"，形而下谓之"器"。"道"如水，水有自己的方向，但并非执着，而是根据地势环境选择而成。但是水并不知道自己即将遇到

什么，想办法往前走就是了。

中国的哲学里没有"时间"，但是有"水"。因此，东方的企业哲学里有以水为意向的表达，松下幸之助有自来水哲学，张瑞敏推崇上善若水。

与其说大海是江河的梦想，不如说是"天命"，是水的归宿。水只有汇入大海中，才可说完成了从有到无的生命超越。这也是所有企业应该努力追求但还一直探索的境界，是为"涅槃"，如《超体》中 Lucy 的结局，一个有形的实体变成了无处不在的信息，它可以在任何信息介质中存在。当然，这"涅槃"的前提是有机体新陈代谢的加速。

对于企业而言，新陈代谢的能力体现在组织机制中，能否用动态的方法保持最优质员工的稳定。"最优质员工"不是某一个人，而是具有创新能力的一类人。今天你是，明天你不是，就会换作其他人。机制设立的前提是保持开放性，如同人体的新陈代谢与环境有关，江河湖海的水位和流速与环境有关一样，从环境中来到环境中去，这是"涅槃"的途径。

企业之"天命"如德鲁克所言，是创造顾客。既然说"天命"，便不是"梦想"这般带有强烈主观色彩的念头，而是与生俱来的使命，是没有尽头的探索。站在本体论的角度看，企业的进化就是随着技术的进步不断调整自身的结构和机制去无限接近"天命"的过

26. 你若是芙蕖，就在红泪清露里盛开吧

程。昨天创造顾客的手段，今天或许就不适用了，今天的未必就是明天的。企业如若真的懂得"日日是好日"，便是在"涅槃"的路上了。

能让自己度过这"好日"的只有自己，需要先将自己放入这水深火热之中，在大俗大雅中嬉笑怒骂，在生死之间如禅宗般顽皮烂漫，阅尽人间百态，做一个世俗的人。李商隐有诗云："水仙已乘鲤鱼去，一夜芙蕖红泪多。"有时，我们是指望不上佛的，不如把自己当成佛。你若是芙蕖，就在红泪清露里盛开吧。

禅宗里最有名的莫过于"一苇渡江"。有人认为芦苇是施展法术的道具，哪里有什么换日月的法术啊。这"苇"是我们自己，是自己世俗的一面。

27. 重新定义创新和企业家精神

信息技术的发展打破了工业时代的线性发展思维，但在现实中，我们却很少看到属于这个时代且能面向未来的商业模式。这是因为我们的创新理念和固守半个多世纪的企业家精神并没有得到及时的更新。

好的商业模式是公司健康运转的前提，更是公司和社会进行良性互动的保障。而商业模式的属性深深根植于其所处的商业文明之中。事实上，从重商主义开始至今，人类的商业文明在整个资本主义经济体系和三次工业革命中并没有取得更多的进步。就像当代著名管理思想者乌麦尔·哈克（Umair Haque）在《新商业文明》一书中所说："20世纪的商业理念是攫取利益但将成本转嫁给普通民众、社区、社会、自然环境甚至后代身上。这种利益攫取和成本转嫁都是经济危机的表现，是不公平、违背民意的，后果是无法逆转的。姑且称之为一种巨大的不均衡：这一过程和之前提到的种种'大'危机不同，它不是短暂的，而是一种持续的关系，是以全球经济为体量的大事故。"

如若不想八年前的经济悲剧重演，我们需要在熊彼特、德鲁克等巨匠的思想基础之上，从内涵和外延上重新对创新和企业家精神进行定义。

文明、理念、模式，三者是逐步聚焦和落地在经济活动中的纵向逻辑关系，这种关系具有逆向性，即某种创新的模式可以扩散影响至更广泛的商业理念，进而催生新的商业文明出现。

到底谁才是企业家？

熊彼特在自己的著作中用"企业家"替代了"创新者"，在当时甚至以后的若干年内，可谓是引发了人们巨大的困惑。"企业家"这个词最早出现在19世纪初，它更像是一个身份和职业，比如承包者、手工艺者。但是，熊彼特认为，企业家是一份任务，其功能在于重新组合生产要素，并引入到经济活动中，由此破坏当前的静态经济，引起经济秩序的长期变化。由此可见，大部分人一生中都不可能成为企业家，少数人也仅仅是在生命中的某个时刻成为企业家。所以，企业家可以是企业领导者，但并非所有的企业领导者都是企业家。

与其说"企业家"是某个人，不如说"企业家"是知识体，它强调知识的主动性和平等性。德鲁克虽然在日后给出了"人人都是CEO"的概念，但我认为CEO也并非关乎职业和地位，而更应该是获得成为"企业家"的能力基础，毕竟创新是一个主动追求的行为过程。

在长期研究海尔的过程中，我对这一点体会尤深。海尔率先提出"员工创客化"，其目的正在于让员工自己成为知识的主人，而不是奴役。他们需要首先打破自上而下的指令的束缚，通过和市场对话，了解自身拥有的知识的价值，不断在对话中进行自我学习。同时，这也是把技术创新引入经济中的过程。"创客"不一定是团队领导者，也不应该以享有权力为荣。"创客"应该是一个以追求"企业家精神"为己任的创新者群体。

模式创新和技术创新同等重要

熊彼特曾经区分了变化和发展。他认为变化是静态经济模式中的扩大，其中的内部关系没有发生更多的改变。发展需要新工艺并由此带来规模效应。由此可见，技术创新是社会整体创新的根本。

27. 重新定义创新和企业家精神

过去两百年人类取得的巨大进步，可以被看作是技术的推动效应。但是，技术只有转化成可以参与经济活动的模式，其创新作用才会产生。亨利·福特并非流水线的发明者，他是在参观一个屠宰场时受到了启发，将这个已经存在一段时间的生产模式运用到了汽车制造中，从而推动了整个资本主义工业体系的发展。

技术自身的特点直接影响了其所引导的时代的思维走向。工业革命发轫于机械对自然能源的转化，其过程是高度封闭、一体化且不可逆转的。就好像钟表一样，精致的结构和可控制的过程见诸工业社会的各个层面。因而，从商业模式到管理理念和组织结构，都呈现出了"链条""控制""层次"的普遍现象。

需要注意的是，技术特性对社会思维的影响并不是在第一时间产生的。比如从20世纪60年代开始至今的前信息时代中，作为社会构成基体的组织和本应该反映技术特性的商业理念，并没有发生很大的改变。因此，我们还可以将这段时间称为"后工业时代"。可以说，谁能成为这个时代的亨利·福特，谁就可以创新出一套真正与时代同行的商业模式和商业理念，进而影响整个人类社会的商业文明。

依照哈克所言，传统的商业模式包括五大要素：价值链、价值主张、战略、市场保护和产品。这五大方面的理念推动、组织并管理了生产和消费。也是这五大理念暴露了20世纪商业的核心缺陷，即"深层债务"的产生。这种以企业为核心的闭环将组织和社会相互隔绝,然后通过成本转移和利益攫取,伤害社会和自然环境。企业和社会进行零和博弈的模式,最终伤害的是自己。在经历了因为创新而产生的第一个周期之后,企业势必进入表征衰退的第二周期,在这个周期中,利润会因为市场饱和以及竞争对手的模仿越来越薄。"薄利"对工业时代的每一个企业都是噩梦,也都是无法避免的。

但还有比"薄利"更严重的,那就是"负利"。如果跳出价值链来看,一个产品在账面上获得的利润远远低于其实际成本,也就是社会成本。账面成本之所以比社会成本低,是因为有很多无形的成本被价值链之外的社区或者个人承担。

这样的商业模式是单向度的、以消耗社会和自然资源为前提的,注定无法持续。与之相对应的是只关注账面价值,而忽略实际价值的沿袭数百年的传统记账模式,更像是旧商业模式的作案工具。

如果说 21 世纪初的互联网泡沫的崩溃还不能说明问题的话,2008 年的金融危机所昭示的再清楚不过了。旧商业模式无法持续和技术的时代性相匹配,随之而来的是追求卓越控制的管理模式也亟待变革。此时,我们有必要重新审视当下的信息技术到底具备何种特征。

当比特在有线或者无线网络中驰骋的时候,信息失去了传统权力结构中特有的方向感,边沁监狱似的组织结构遭遇了合法性的危机。边界呈现出了流动的特征，价值链出现了错位和松动，以企业为中心的"价值主张"论调在产消合一中被溶解，竞争逐渐被合作和共赢取代。

此外，正是因为传统商业模式将组织与社会相隔离，导致诚信问题长久以来无法得到根本解决。即使在如火如荼的电商模式中，因为缺少了"价值交互"，而仅仅追求"价格交互"，诚信问题就像一把匕首，牢牢插在企业的心脏上。

张瑞敏认为，诚信会是后电商时代的核心竞争力。其实，这并非技术问题，而是模式问题。它的解决依赖于社群经济的成熟。当传统商业模式的几大要素都不再成立的时候，我们需要建立全新的符合技术时代特征的商业模式。

企业、平台和超级节点

在实际运作中，企业会以模式的面目出现。线性模式下的企业概念早已根深蒂固，当非线性模式成为主流的时候，会有一个新的物种——平台出现。平台和企业是两个并行的概念，张瑞敏说过，"要么成为平台，要么被平台所拥有"。

按照哈克的说法，这是因为商业组织赖以成立的两大因素——资本和模式发生了变化。这也是建立新的行业秩序的两大支柱。资本的作用在于突破机器的藩篱，将真正属于社会的资源联系在一起。

模式的作用则在于由谁（who）、在哪里（where）、何时（when）、做什么（what）、以何种方式（how）这四个 W 和一个 H 组成了可以循环往复且每一个要素都无限开放的超链接文本。

从 2005 年至今，海尔一直在探索"人单合一"的商业模式。在这个模式中，主语永远是人，且不是具体的固定的某个人。它是一群人，可以是用户，可以是来自传统价值链上的供应商，也可以是员工。这群人要做的是在海尔平台上，用和市场融合的方式，追寻自己的价值诉求，并且成为海尔和外部资源无限交互的节点，最终形成庞大的平台资源。海尔在企业平台化方面走在了全世界的前面。但我认为，这并非探索的终结阶段。因为，当平台的属性真正饱满的时候，就意味着它成了一个资源供需的出入口。如果站在一个匹敌上帝的视角看下来，未来的商业世界没有中心，只有节点。而平台会根据资源整合能力的大小，分为小节点、大节点和超级节点。海尔能否成为超级节点，让我们拭目以待。

开放与共享

技术改变了思维，思维改变了商业文明，改变了商业模式。当今时代，技术的发展速度远远快于之前任何时代，但是技术的发展方向早已明确：开放和共享。我们在搭建面向未来的商业模式时，只有将这两个理念贯穿其中，才有资格参与更加激烈和美妙的商业

27. 重新定义创新和企业家精神

竞合之中。

哈克提出了新商业模式的五大要素,即价值循环、哲学、市场完善、幸福、智慧增长。与其对应的传统商业模式五大要素则是价值链、战略、市场保护、产品、盲目增长。其中的变化在于理念。对应到海尔的实践中,便是"生态和交互""自以为非""共创、共赢和共享""用户体验""社群"。事实上,五大要素也正是海尔"人单合一"商业模式的五大支柱,这是一个完全基于技术,被用户所引导,以人为索引的全新模式。

21世纪的创新,模式和技术必须要同步发展,这是因为技术的迭代与突破会越来越频繁。模式创新落后于技术半拍,都有可能让组织万劫不复。而对于熊彼特时代就已经固化下来的企业家精神,我们也需要做出新的补充。作为心理动机的企业家精神在熊彼特那里被表述为:建立私人王国的梦想,有征服的意志,证明自己比别人强的冲动,追求成功本身而非结果,创造的喜悦,以冒险为乐。

显而易见的是,其中大部分在21世纪已经不成立了。当企业成为平台,进而变身为超级节点的时候,王国的围墙早已被推翻。具有创新精神的企业家更像是架构师。既然要追求共创和共赢,就要努力屏蔽"征服"的意念,去除攀比成功之心。我认为将21世纪的企业家精神表述为:有探索新世界的旨趣,拥有共创、共赢和共享的理念，具备社群精神，勇于否认自己，或许更合适一些。

如前所述，文明、理念和模式是可以逆向推导的。像海尔一样，越来越多的中国企业开启了转型的探索之路。这条路无关得失成败，而是在以一种时代特有的集体意识走向未来。新商业文明的缔造也许需要数十年甚至近百年的努力，但需从此刻开始。

读懂张瑞敏

1. 人员理念应该从"股东第一"变为"员工第一"。股东只能分享利益,从来不能创造价值。员工第一,指员工和用户的价值合一,员工能够创造出用户价值,股东价值也就得以实现了。所以,股东价值只是一个结果,却不能成为宗旨。

2. 海尔人单合一模式形成一个创造价值、传递价值协调一致的体系和机制。由于每一个人和用户连在一起,我们把传统的串联流程变成了并联流程,每一个并联节点都为用户创造价值,每个节点在为用户创造价值过程中实现自身的价值。

3. 传统的顾客不是节点,交互用户和终身用户是节点,大顺逛平台上所有社群用户都是一个个节点。

4. 电商平台只是价格交易平台,名牌产品反而失去在传统时代的价值优势,不但没有创造价值,反而破坏了价值创造。因此物联网一定能取代电商平台,进入后电商时代。

5. 后电商时代是什么?生态系统。在生态系统中,我们希望能够让所有攸关方利益最大化。

6. 物联网就是生态系统。因为物联网说到家就是两条:第一,它是虚拟世界和现实世界的融合;第二,它是攸关各方创造价值和分享价值的最大化。

7. 所有的产品一旦从电器变网器，接入万物互联的生态圈，产品本身固有的功能就失去了价值，代之产生的服务价值，是解决方案和场景体验。

8. 海尔有一个指标是别的企业所没有的，那就是不入库率。产品不进仓库，直达用户家中。

9. 全世界不管哪个国家，不管哪个民族，不管哪种文化，有一点完全一样，就是每一个人都希望得到别人的尊重，每一个人都希望把自己的价值发挥出来。

10. 古希腊哲学家亚里士多德有一句名言，他说，人的幸福是可以自由地发挥出自己最大的能力。人单合一就是让每个人充分发挥自己的能力，实现自己的价值。

11. 所有的荣誉都是昨天，我们只是立足今天，争取明天。

12. 生态圈创造价值的方式是共创，利益相关方和用户在一个生态圈中共同创造价值，不是传统的价值链，而是价值矩阵。

13. 在价值传递方面，我们以生态圈传递共创共赢价值和过去传统的价值链不同，我们是价值矩阵传递。在价值矩阵上，相关各方都有自己的利益点，都有自己的位置。大顺逛就非常典型，企业、供应商、用户交织在一起，共同创造价值、传递价值。

图书在版编目（CIP）数据

海尔转型笔记/郝亚洲著 .—北京：中国人民大学出版社，2018.9
ISBN 978-7-300-26027-3

Ⅰ.①海… Ⅱ.①郝… Ⅲ.①海尔集团公司-企业管理-研究 Ⅳ.①F426.6

中国版本图书馆 CIP 数据核字（2018）第 161373 号

海尔转型笔记
郝亚洲　著
Haier Zhuanxing Biji

出版发行	中国人民大学出版社			
社　　址	北京中关村大街 31 号	邮政编码	100080	
电　　话	010-62511242（总编室）	010-62511770（质管部）		
	010-82501766（邮购部）	010-62514148（门市部）		
	010-62515195（发行公司）	010-62515275（盗版举报）		
网　　址	http://www.crup.com.cn			
	http://www.ttrnet.com(人大教研网)			
经　　销	新华书店			
印　　刷	北京联兴盛业印刷股份有限公司			
规　　格	145mm×210mm　32 开本	版　　次	2018 年 9 月第 1 版	
印　　张	8.375 插页 2	印　　次	2018 年 12 月第 2 次印刷	
字　　数	151 000	定　　价	58.00 元	

版权所有　　侵权必究　　印装差错　　负责调换